Elisabeth Hämmerling · Bär – Ahne und Heiler

W

Elisabeth Hämmerling

Bär – Ahne und Heiler

Vom Umgang mit der Wildnis in uns

Walter-Verlag
Solothurn und Düsseldorf

Mit Zeichnungen von Edith Nikel-Ruppmann

Die Deutsche Bibliothek – CIP-Einheitsaufnahme

Hämmerling, Elisabeth:
Bär – Ahne und Heiler : vom Umgang mit der Wildnis in uns /
Elisabeth Hämmerling. – Solothurn ; Düsseldorf : Walter, 1993
ISBN 3-530-30610-X

Satz: Utesch Satztechnik GmbH, Hamburg
Druck und Einband:
Offizin Andersen Nexö Leipzig GmbH
Printed in Germany
ISBN 3-530-30610-X

Den Bären-Traum tanzen

Wenn ein Mensch krank ist,
Verwandle ich mich in einen Bären –
Den Großen Bären der Ersten Schöpfung.

Mein Pelz ist weiß –
Doch nicht, weil ich ein Eisbär wäre.
Ich bin der Bär der Ersten Schöpfung.

Ich lecke sorgsam meine Tatzen,
Umschließe den Menschen mit meinen Armen,
Drücke ihn an mich mit all seinen Schmerzen.

Dann blase ich über seinen Leib
Meinen heilenden Atem –
Den Geist-Atem der Ersten Schöpfung

Bärenlied "Spirit Spirit" des Eskimo-Schamanen Reindeer Chukchee
in: Waldemar Bogoras: The Chukchee.
Aus dem Amerikanischen übersetzt von der Autorin.

Inhalt

Zur Einstimmung:

Ein «unentbärlicher» Begleiter im menschlichen Leben

Wenn ich versuche, mit diesem Buch den Bären auf den Pelz zu rücken, so ist das sozusagen ein Gegenbesuch, denn sie gehen mir schon lange nahe als ganz besondere Wesen. In Deutschland, wo es dermaleinst ihrer viele gab, sind sie zwar seit dem letzten Jahrhundert ausgerottet, der letzte Braunbär starb 1835 in Bayern unter den Schüssen des Landesherrn. Dennoch sind sie bei uns wie anderswo im Bewußtsein gegenwärtig und beliebt. Ihren einst so sicheren Platz in der Wildnis nördlicher Steppen und Wälder haben sie eingetauscht gegen einen – ebenso sicheren – Platz in den Herzen. Vielleicht getrauen wir uns um so mehr, sie zu lieben, weil wir keine Begegnungen von Nase zu Nase mehr befürchten müssen? Oder vielleicht geht es uns mit den Bären wie mit einem vertrauten Freund oder einer Freundin, die uns verlassen hat. Unvergeßlich begleiten uns ihre originellen Einfälle und Anregungen, ihre Wärme und Ausstrahlung, fast so, als ob sie noch zugegen wären. Beim Bären – mit dem Gattungsnamen meine ich jeweils beide, die Bärin wie den männlichen Bären – fühlen wir Menschen der nördlichen Breiten eine Vertrautheit nicht erst seit Kindertagen, sondern seit Menschengedenken. Es scheint, als sei er eingeprägt in ein kollektives Artgedächtnis der Menschheit.

Wie mag es kommen, daß am nächtlichen Sternenhimmel, und zwar an der zentralen Stelle des Nordpols, ausgerechnet der Bär in zwei Sternbildern, der Großen und der Kleinen Bärin, erscheint? Wie kam er zu solcher Ehre, verstirnt zu werden und so ein Anrecht auf Unsterblichkeit zu erhalten, ein Privileg, das Gottheiten sonst nur überragenden Menschen oder heiligen Tieren gewährten, die ganze Epochen prägten, wie zum Beispiel der große Jäger Orion? Was steckt dahinter, daß in den Träumen heutiger Frauen Bärinnen besonders gern den Träumerinnen das Rückgrat stärken und ihnen bei speziell weiblichen Anliegen «Bärenstärke» verleihen? Wie konnte der Teddybär zum beliebtesten Freund der Kinder werden – zum meist lebenslangen Freund auch der Kinder in Mann und Frau? Warum schmükken sich Städte wie Berlin und Bern oder männliche Vornamen wie Björn und Bernhard mit dem Bären? Und weshalb ist er so werbewirksam – nicht nur als Teddy- und Gummibärchen?

Dies ist nur eine Auswahl der Anregungen und Fragen, die ich in meinen geistigen Rucksack packte, um mich auf die Fährte der Bären zu begeben und sie besser kennenzulernen. Wenn ich von Begegnungen mit Bären in der Wildnis erzähle, berufe ich mich auf erfahrene Bärenkenner, die viele Jahre in deren Nähe verbracht haben. Aus ihrem zunächst mehr wissenschaftlichen Interesse als Tierforscher wurde Bärenliebe bis zur Leidenschaft – entsprechend einem frechen Kanon: «Die Liebe klebt wie Bärendreck, man bringt sie nicht vom Herzen weg...»

Doch fesselten mich nicht nur die Fährten in der Wildnis, sondern auch die Bärenspuren im Reich der Seele, in unserer eigenen inneren Wildnis, aus der sie niemand vertreiben kann. Und die Bären und Bärinnen ließen sich willig finden in Träumen und Trance-Erfahrungen heutiger Menschen, in Märchen und in alten Mythen. Hier leben sie seit Menschengedenken in ihrer Bärenwürde, in zeitloser Nachbarschaft mit uns verbunden, und lassen uns an ihrer Kraft und Weisheit teilhaben. Von ihnen können wir lernen, was zu den Grundbedingungen des Menschseins gehört und welche Quellen uns speisen und neue Lebenskraft spenden können.

Drei besonders bedeutungsvolle «Bärenquellen» haben sie mich finden lassen, als ich mit ihnen ging; wir werden ihnen an verschiedenen Stellen dieses Buches wieder begegnen:

Zum einen verkörpern die Bären in unserer Phantasie ein letztes Stück Wildnis, eine unzivilisierte, kraftvolle und ursprüngliche Lebendigkeit mit ihrer Schönheit und ihren Tücken. Indem wir uns mit Bären beschäftigen, holen wir diese Wildnis auf gesellschaftlich anerkannte Weise in unseren ordentlichen Alltag herein.

Zum anderen bewahrt der Bär für uns etwas von der Energie unseres inneren Kindes, etwas Kostbares, auf das Erwachsene und Erzieher in unserer Kindheit keinen Einfluß hatten. Und der Teddybär aus Kinderzeit, der aus einer Sofaecke, einem Regal in unserer Wohnung oder dem Reisekoffer herüberblinzelt, dieser symbolische Vertreter lebender Petze, bewahrt wohl noch etwas von den Geheimnissen, die er mit dem kleinen Mädchen oder dem kleinen Jungen einmal teilte.

Und schließlich: Der Bär weckt eine Erinnerung an ganzheitliche Zeiten, was in uns aufgeklärten und selbständigen Menschen eine tiefe Sehnsucht auslösen kann. Es ist die Sehnsucht nach der guten Großen Mutter, einer umfassenden, überlegenen und bergenden natürlichen Energie, die uns trägt und nährt ohne unser Verdienst, in deren Gegenwart wir uns vertrauensvoll dem Leben überlassen können. Mögen wir auch ihre überlegene Strenge fürchten und ehren, wenn wir geplagt sind von Krankheit oder anderer Not, das Leben wird erst dann unerträglich, wenn wir die göttlichen Kräfte der Großen Mutter (wie auch des «Großen Vaters») aus unserem Denken und Fühlen verbannen.

Oft leiden wir dann an dem psychosomatischen «Atlas-Syndrom», weil wir die Säulen der Welt – sprich: Verantwortung – ganz allein auf unseren heroischen Schultern zu tragen versuchen oder umgekehrt den persönlichen Eltern oder anderen Menschen alle Verantwortung für unser Wohl und Wehe aufbürden und sie mit Riesenerwartungen überladen, die sie gar nicht erfüllen können und sollen. Da der Bär eng mit der beschützenden Kraft der Großen Mutter verbunden ist, kann er uns zu ihr hinführen, für sie sprechen und uns den Rücken stärken, wenn uns das «Atlas-Syndrom» quält oder die Angst im Nacken sitzt. Nun kann der Bär zwar keine Bücher schreiben oder Vorträge halten – leider, denn er hätte uns wohl manches zu sagen –, aber wir können erfinderisch sein und ihn belauschen: wie intelligent und anpassungsfähig er vorgeht, wenn er in kritische Situationen gerät, wie sorgfältig er Spuren nachgeht und Informationen prüft, sie deutet und sich danach einrichtet, z. B. beim Planen, Bauen und Beziehen seiner Winterhöhle. Mit dieser Intelligenz und Tierweisheit mag der Bär stellvertretend auch für andere Tiere sprechen – auch für die, die wir überheblich «Nutztiere» nennen – und um die Achtung und Freundschaft werben, die unsere Mitbewohner dieses Planeten verdienen. Sind nicht die Tiere viel, viel länger auf der Erde als wir Menschen? Ohne sie wären wir nicht. Darüber nachzudenken und entsprechend zu leben, könnte eine Art spiritueller Tierschutz sein, der sicher auch nach außen seine Früchte tragen würde.

Gandhi, ein tief religiöser Hindu und Anwalt für den Frieden mit allen Geschöpfen, nannte einmal die Kuh «die Mutter Indiens». Der Leser, die Leserin mag prüfen, ob der Bär nicht den Titel «Mutter der nördlichen Regionen» verdient!

Bärenmythen und Bärenkult

Großer Bär, komm herab, zottige Nacht,
Wolkenpelztier mit den alten Augen,
Sternenaugen,
durch das Dickicht brechen schimmernd
deine Pfoten mit den Krallen,
Sternenkrallen...

Ingeborg Bachmann:
Anrufung des Großen Bären[1]

Wer kennt ihn nicht, den Ingeborg Bachmann da beschwört herabzukommen: den Großen Bären, der uns Menschen der Nordhalbkugel weder im Winter noch im Sommer verläßt und als zirkumpolares, nie untergehendes Sternbild den nächtlichen Himmel über uns beherrscht?

Vielen ist das Sternbild eher als Großer Wagen bekannt: als altmodischer Pferde- oder Ochsenwagen mit ausladender Deichsel. Doch dieser Name ist erst in späterer Zeit entstanden, als den Sumerern im vierten Jahrtausend v. Chr. eine weltverändernde Erfindung gelang: die des Rades und des Wagens. Daß dieser Vorfahr unserer zeit- und energiesparenden «Kraftwagen» am Himmel wiederentdeckt wurde, ist sehr verständlich! Menschliches Leben kommt seit dessen Erfindung nicht mehr ohne ihn aus.

Doch lange vor dieser schöpferischen Leistung des Menschengeistes, sich ein rollendes Fortbewegungsmittel zu schaffen und damit neue Lebensmöglichkeiten zu erschließen, erblickten die Menschen in dem Siebengestirn des Nordens eine andere lebenswichtige Präsenz: die einer mächtigen Bärin und ihr gegenüber einer zweiten, deren Schwanzspitze vom Nordstern gebildet wird. Miteinander umkreisen sie den Nordpol und begleiten unsere Nächte in unermüdlicher, zeitloser Treue.

Treue? Ein Bär ist doch ein gefährliches Raubtier – zum Fürchten! Dem geht man am besten aus dem Weg und pfeift auf seine Treue! – Im anfangs zitierten Gedicht kennt Ingeborg Bachmann diese verständliche Furcht nicht. Sie ruft den Bären sogar an, beschwört das «Wolkenpelztier mit den alten Augen, Sternenaugen» herabzukommen, und auch seine «Sternenkrallen» scheinen ihr zwar Respekt, aber keine Furcht einzuflößen. Welch ein seltsames Bündnis mit einem mächtigen, wilden Tier und mit seinem am Sternenhimmel sichtbaren Bild!

Doch ähnlich ergeht es vielen Menschen, die ich nach ihren bevorzugten Sternbildern fragte: Der Große Bär ist so beliebt, weil er deutlich erkennbar und immer da ist; er flößt Vertrauen ein wie ein zuverlässiger Wächter oder eine Wächterin. Zudem ist das große Viereck mit der «Deichsel», das wir oft auch – wie schon erwähnt – den Großen Wagen nennen, mit seinen hellen Sternen leicht zu sehen. Es bildet den Körper des Großen Bären. Um die himmlischen Bärentatzen und den dreieckigen Kopf zu finden, muß man allerdings auch die weniger hellen Sterne beachten, wie die Abbildung S. 15 zeigt. Als Ganzes betrachtet ist der Große Bär ein mächtiges, raumgreifendes Sternengebilde, das den Blick des Menschen, der in einer klaren Nacht zum Himmel aufschaut, unweigerlich in seinen Bann zieht. Und seine Phantasie anregt...

Die verschiedensten Völker haben in den Sternbildern an der Polachse Bären erblickt: Für die Hindus stellt jeder der sieben Sterne einen Bären dar, die Irokesen sehen einen, der von sieben Jägern – den Sternen des Siebengestirns – verfolgt wird. Wie die alten Griechen das Sternbild erklärten, soll später erzählt werden.

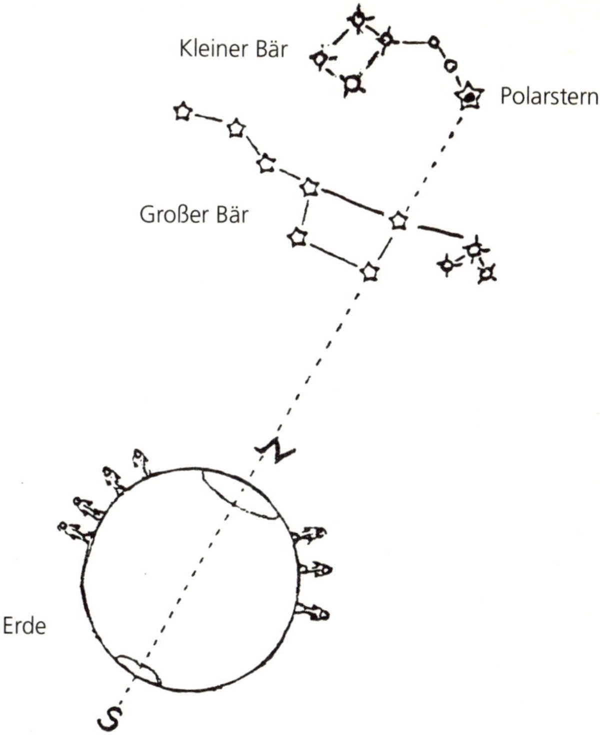

Diese Polachse mit den beiden Siebengestirnen ist ein besonders bedeutungsvoller Ort, weil sie wie auch die zirkumpolaren Konstellationen nie untergeht. In den Jahrzehntausenden vor der Erfindung des Kompasses wies sie den Seefahrern und Reisenden den Weg, denn die Schwanzspitze des Kleinen Bären ist der Polarstern oder Himmelsnordpol. Diese Orientierungshilfe ist weit mehr als nur die Lösung eines technischen Problems: Sie half dem Menschen schon immer, seinen Platz in der Unendlichkeit des Kosmos zu bestimmen und wirkte seiner Angst entgegen, verloren zu gehen.

Uns heutigen Städtern verdeckt des Nachts die Zimmerdecke den freien Blick nach oben, doch wer schon unter klarem Himmel übernachtet hat, erkannte sicher den Bären, der wie ein großer Uhrzeiger die Himmelsmitte umrundet und uns anzeigt, wie weit die Nacht schon vorgerückt ist. Nehmen wir uns Zeit, die Sternenwege über uns zu beobachten, so können wir diese Kreisbahn verfolgen, die Form eines großen Rades nachvollziehen.

Für die Hindus ist diese Kreisbewegung ein Zeichen der Lebenskraft und Erneuerung der Welt: Die Bärensterne stellen einen Wirbel im Herzen des Universums dar und halten das Rad des Lebens in Gang. «Der Große Bär ist das sich ewig drehende Mandala am Himmel, und der Polarstern ist mehr als eine reine Navigationshilfe; als Nabe des Lebensrades bietet er dem Seelenwanderer eine geistige Orientierung».[2] Für den meditativen Umgang mit dieser «Nabe» wurden z. B. in China spezielle Übungen entwickelt.

Die beiden Bärenbilder in der Himmelsmitte, die auch auf uns moderne Menschen zentrierend und stärkend wirken können, schenkten wohl schon unzähligen Generationen unserer Vorfahren Sicherheit: Sie fühlten sich von ihnen wie von unermüdlichen Wächteraugen begleitet und bewahrt. Unter ihrem Blick konnten sie beruhigt einschlafen – auf einem warmen Bärenfell, das sie vor Kälte und Feuchtigkeit schützte.

Vielleicht haben sie sich des Nachts, wenn sie ihre Lager bewachten und das kostbare Feuer hüteten, Geschichten erzählt – und mit diesen ihre Angst gebannt. Geschichten, die von den Anfängen der Welt berichteten, als die Götter mit den Menschen und Tieren noch eng verbunden waren und die gleiche Sprache teilten.

Eine solche Geschichte, die die Angst bannte und einen schützenden Raum beschwor, handelt vom Himmelsgott Zeus, der die Bärinnen liebte. Sie waren in seiner frühen Kindheit seine Mütter, nährten und beschützten ihn.

Wie Bärinnen einem Gott zu überleben halfen – Die Kinderstube des griechischen Göttervaters in der Bärenhöhle

Der Vater des Zeus war Kronos (Saturn). Der führte ein hartes Regiment und hatte seinen Vorgänger und Vater Uranos, «den unendlichen Himmel», mit einer Sichel seiner zeugenden Kraft beraubt und damit der zeitlosen Unendlichkeit ein Ende gesetzt. Seither teilt die Zeit (Chronos) das ewige Rund, umkreist der Uhrzeiger das Zifferblatt und erinnert uns an die Begrenztheit unseres Lebens. Kronos-Saturn herrschte mit seiner Gattin Rheia, die zugleich seine Schwester war. Sie gebar ihm viele Kinder, doch diese Neugeborenen konnten nicht ins Leben treten, weil Kronos sie gleich nach ihrer Geburt verschlang. Er fürchtete, von seinen Kindern ebenso entmachtet zu werden, wie sein Vater von ihm.

Als letztes Kind gebar Rheia den Zeus, das lichte himmlische Kind, die Hoffnung eines neuen Zeitalters. Doch wie es schützen vor der Unbewußtheit und Dunkelheit des Kronosbauches? Sie war klug: Gleich nach der Geburt verbarg sie ihr Kind und gab ihrem Gatten einen in Windeln gewikkelten Stein, den er als das vermeintliche Kind verschlang. Dies trug sich auf der Insel Kreta zu. Dort half der Rheia ihre Mutter, die Erdgöttin Gaia, einen sicheren Platz für das göttliche Kind zu finden: eine Höhle in den Höhen des Ida-Gebirges. Gaia, die «Groß-Mutter», verbarg den Enkel in ihrem Schoß. Um das Weinen des Kindes zu übertönen und es vor der Nachstellung durch Kronos zu schützen, hatten die beiden Urmütter die Korybanten angestellt, junge Krieger, die mit stampfenden Füßen ihre Kriegstänze vollführten, mit den Schilden rasselten, Pauken schlugen und so einen vitalen akustischen Schutzkreis um das göttliche Kind zogen. Als Amme und Milchmutter diente dem Kind die Ziege Amaltheia.

In anderen Versionen des Mythos aber bemühten sich zwei Bärinnen um das heranwachsende Kind: Helike und Kynosura. Sie nährten und erzogen es und verhalfen ihm zu der gewaltigen Stärke, die Zeus zum Regenten des Himmels und der Erde machte. Die Höhle, in der die Bärinnen hausten, wurde zur Behausung des zukünftigen Himmelsgottes – wie ja auch manche unserer frühen Vorfahren in verlassenen Bärenhöhlen aufwuchsen.

Als Zeus seinen Vater Kronos gestürzt und eine geordnete, lebensbejahende Herrschaft angetreten hatte, dankte er der Ziege und den beiden Bärenmüttern, indem er sie am Himmel leuchten ließ.[3] So bewahrte er sie vor dem Vergessen.

Er ließ sie am Pol nahe der Himmelsachse kreisen als ewige Wächterinnen und Beschützerinnen, die mit ihren «Sternenaugen» alles Unheil erkennen und abwehren. Vielleicht wollte er uns Menschen auch daran erinnern, wieviel wir den Tieren verdanken, die uns zum Leben ihre Milch, ihr Fleisch und ihr Fell zur Verfügung stellen.

Ja, wir haben ihnen noch mehr zu danken: Über ihren «materiellen» Wert hinaus sind sie Mitbewohner unseres Planeten, Nachbarn mit einer langen Geschichte, weit älter als die der Menschen. Sie verkörpern einen Aspekt des Geistes und der Weisheit, dem wir uns ahnungsweise heute wieder nähern, angeregt unter anderem durch den Kontakt mit indianischer Weisheit. In der bekannten Rede des Häuptlings Seattle heißt es – und es ist beschämend aktuell:

> «Was ist der Mensch ohne Tiere? Wären alle Tiere fort, so stürbe der Mensch an großer Einsamkeit des Geistes. Was immer den Tieren geschieht – geschieht bald auch den Menschen. Alle Dinge sind miteinander verbunden.»[4]

Um so wichtiger erscheint es mir, daran zu erinnern, daß der Himmelsgott Zeus die beiden Bärinnen an den Himmel versetzte – Tiermütter, keine menschlichen Heroen! – zum Danken und Gedenken (beide Wörter gehören zu demselben Wortstamm!). Christian Morgenstern sagte in diesem Sinne, daß ganze Weltalter von Liebe notwendig sein werden, um den Tieren ihre Dienste und Verdienste an uns zu vergelten. Wenn Menschen Tiere ausbeuten, ist dies wohl meist kein Akt bewußter Roheit, sondern eine Folge von Ignoranz: Sie sind sich des Wertes und der Würde der Tiere nicht bewußt und gedenken ihrer nicht.

Wenn der Akt der Verstirnung den Willen des Zeus darstellt, den beiden Bärinnen in dankbarer Liebe ein Denkmal zu setzen und ihrer zu gedenken, gibt er zugleich auch den Menschen, die in der Nacht zu diesem Sternbild aufschauen, einen Impuls. – Doch warum sollten wir ihrer heute gedenken, wofür hätten wir ihnen heute zu danken?

Der Bär ist sehr tief in den Werdegang der nördlichen Völker eingebunden, die ihn bis heute verehren. Sein Lebensraum – wie der fast aller wilden Tiere – wurde in den letzten Jahrtausenden immer mehr eingeschränkt, nachdem er einmal große Gebiete der Erde, vor allem Wälder und Gebirge der nördlichen Halbkugel, bevölkert hatte. Während die Kuh, die Gandhi «die Mutter Indiens» nannte, die Mutter der seßhaften Menschen ist, die von Ackerbau und Viehzucht leben, half der Bär – «die Mutter der nördlichen Völker» – den Menschen zu überleben, als sie noch Jäger und Sammler waren: Er nährte sie mit seinem Fleisch und Fett, er zeigte ihnen eßbare Pflanzen.

Die tiefe, dankbare Verbundenheit des Menschen mit dem Bären drückt sich in einer Fülle überlieferter Mythen und Märchen, in rituellen Bärenliedern und bis in die Neuzeit sogar in Bärenzeremonien aus. Wir finden solche bei den Finnen und Lappen, in den nördlichen Regionen der Sowjetunion, bei den japanischen Ainu und den Indianern Kanadas und Nordamerikas. Doch auch die germanische und slawische Mythologie und die Märchen geben Hinweise, wie hoch der Bär geschätzt wurde. All diese Quellen werden uns helfen, die besondere Art der Bärenliebe besser zu verstehen.

Artemis, die Herrin der Tiere – Kallisto und die Große Göttin

In den Mythen, Märchen und Riten der nördlichen Völker spielt der männliche Bär die Hauptrolle; die Griechen erzählen jedoch, wie wir schon gesehen haben, von Bärinnen. Das ist nicht verwunderlich, erschien doch eine ihrer großen Göttinnen in der Gestalt der Bärin: die Göttin Artemis. In ihr verbirgt sich ein Aspekt der seit Jahrtausenden im Mittelmeerraum bekannten Großen Göttin. Diese wurde als die Herrin der Tiere hoch verehrt, wie uns bildliche Darstellungen aus der mykenisch-minoischen Zeit zeigen, einer vorgriechischen, noch von matriarchalen Zügen beeinflußten Kultur auf Kreta. Diese Göttin verbarg sich in den Höhlen und erwählte sich Berge als Thronsitz; die wilden Tiere der Wälder umgaben sie wie ein Hofstaat. Mykenische Rollsiegel zeigen zum Beispiel zwei mächtige Löwen, die die Göttin links und rechts flankieren und von ihr mit starken Händen beim Schopf gepackt werden.

Besonders in Arkadien, der sagenumwobenen Gebirgslandschaft auf dem Peloponnes, durchstreifte die Göttin die Wälder und einsamen Gebirge in der Gestalt der Bärin. Sie mied die Menschen und ihre Kultur. In griechischer Zeit hieß sie dort Artemis – ursprünglich Arktemis –, ein Name, der noch ihre alte Verbindung zum Bären offenbart: arktos ist das griechische Wort für Bär. (Die keltische Bärengöttin hieß ähnlich: Ar[k]tio.) Auch der Name der Landschaft Arkadien hängt damit zusammen: Der Stammvater der Arkadier, Arkas, entstammte einer Liebesverbindung des Zeus mit der Bärengöttin.

Dieser Mythos wurde im Lauf der Jahrtausende immer wieder verändert. Auch er handelt davon, wie das Sternbild an den Himmel kam und bezeugt die göttliche Natur der Bärin. Die Griechen erzählen, daß Kallisto, «die Schönste», eine Nymphe im Gefolge der Bärengöttin Artemis, die einsamen Wälder durchstreifte. Zeus war von ihrer Schönheit so entflammt, daß er sich ihr mit allen Mitteln zu nähern versuchte. Aber Kallisto war, wie Artemis, eine Jungfraugöttin, die selbständig lebte und sich durch die Liebe eines Mannes oder Gottes nicht binden lassen wollte. So warb Zeus vergebens. Schließlich verfiel er in seinem Verlangen auf eine List: Als Kallisto von der Jagd ausruhte, näherte er sich ihr in Bärengestalt – seinem eigenen Bärenaspekt? –, als sei er die Bärengöttin Artemis persönlich. Zu spät bemerkte Kallisto bei dem Zusammensein, daß es sich hier nicht um ihre geliebte Herrin handelte, und floh. Doch bald ließen sich die Folgen des intimen Beisammenseins mit Zeus nicht mehr verbergen, und die strenge Artemis jagte Kallisto fort. Im tiefen Dickicht der Wälder brachte diese ihren Sohn Arkas zur Welt. Der eifersüchtigen Gattin des Zeus war dies alles nicht entgangen, und sie wollte Kallisto für ihre Schönheit büßen lassen: In eine Bärin verwandelte Hera die Einsame.

Doch ihr menschlicher Sinn war ihr geblieben, und so versuchte sie sich oft nach Menschenart aufzurichten – ein Verhalten des Bären, das viele Menschen als menschenähnlich erleben. Einmal wurde sie in ihrem Versteck aufgestöbert: Ein junger stattlicher Jäger stand vor ihr mit erhobenem Wurfspieß. Sofort erkannte Kallisto den nun erwachsenen eigenen Sohn Arkas, erhob sich auf die Hinterbeine und wollte ihn umarmen. Da hätte der Ahnungslose beinahe die eigene Mutter getötet – wenn nicht Zeus eingegriffen und beide, Mutter und Sohn, vor diesem Frevel bewahrt hätte. Er hob sie durch die Lüfte zum Himmel und versetzte sie unter die Sterne. Dort strahlen sie nun als Große Bärin und als Stern Arkturos (der hellste Stern im Bild des Bootes).[5]

In dieser Erzählung begegnen wir der Mutter-Bärin, die sich dem Jäger nähert, nicht zum Angriff, sondern – nach Menschenart in aufrechter Haltung – aus Sehnsucht und zärtlicher Zuneigung. So erklärten sich die Menschen die Gebärden des Bären, sich aufzurichten und seine Beute zu «umarmen». Zwar gilt in dieser späten Fassung der Erzählung die Bärengestalt als eine auferlegte Buße, doch löst Zeus diese Strafe auf, indem er die Bärin-Geliebte und ihren Sohn «verstirnt», die höchste Ehre und Liebesbezeugung, die er sterblichen Wesen verlieh.

Bemerkenswert ist, daß Artemis in diesem Mythos Bärin und Göttin zugleich ist – sie konnte in beiden Gestalten erscheinen – und auch Zeus die Bärengestalt annahm! In Arkadien war er der Herr der Wälder, und diesem ist die Bärengestalt wohl angemessen, wie wir aus anderen Mythen und Märchen wissen.

Ich habe früher von den drei besonders wichtigen Bedeutungen des Bären gesprochen: der ursprünglichen, unzivilisierten Lebendigkeit, der Beziehung zum inneren Kind und der urmütterlichen Geborgenheit. In dem Mythos von Kallisto finden wir den ersten Aspekt. Doch die tiefgründigste Erscheinungsform des Bären in der Seele und der inneren Bilderwelt des Menschen ist die einer göttlich-mütterlichen Kraft, eines tragenden, nährenden und lebensspendenden natürlichen Prinzips, ohne das wir nicht wären, was wir sind. Davon erzählt der Mythos vom Götterkind Zeus bei den Bärinnen. Zwar ist bei den Griechen der klassischen Zeit die Bedeutung der Großen Göttin weit hinter die des großen Gottes (Zeus) zurückgetreten, doch haben sie das alte Wissen von der göttlich-mütterlichen Bärenkraft auch in der Blütezeit ihrer Kultur bewahrt.

Das bezeugt eine alte Fassung der Iphigeniensage: Iphigenie sollte in Aulis der Artemis geopfert werden, doch die

Göttin errettete sie, indem sie sie entrückte und an ihrer Statt eine Bärin auf den Altar legte.[6] Opfert sich die Bärengöttin selbst in ihrem Tier – oder gibt sich das Tier willig als Opfer anstelle des Menschen hin? Beides ist als Deutung möglich, beides entspricht dem Bärenwesen, wie es die Mythen überliefern.

Ein letztes Beispiel soll die Überlebenskraft des alten Wissens in der griechischen Kultur zeigen: Das auf Attika gefeierte Fest der Brauronien ist eine Einweihungsfeier für junge Mädchen in den Dienst der Göttin Artemis. Vom zwölften Lebensjahr – vor ihrer Geschlechtsreife – bis zum heiratsfähigen Alter wurden die Mädchen in den Dienst der Artemis aufgenommen und hießen arktoi, «Bärinnen». Sie waren dem Einfluß ihrer Mütter entzogen und der Großen Mutter in der Wildnis der Natur überlassen. Dort lebten sie im Schutz der Großen Bärin-Mutter Artemis als Initiationsgemeinschaft auf Bärenart: Sie pflegten sich nicht, hüllten sich in Bärenfelle und benahmen sich wild und knabenhaft.[7] Ob das ihrer weiblichen Entwicklung diente? Dieser Frage möchte ich später noch einmal nachgehen, wenn es um die Bärin als innere Begleiterin bei der Initiation in die Weiblichkeit geht.

Wenn die Bärin so eng mit der Jungfrau-Göttin verbunden ist, wundert es nicht, daß es auch eine «Jungfrau Maria von den Bären» gibt. Die christliche Gottesmutter hat ja häufig das Erbe der großen antiken Göttinnen angetreten! Auf Kreta, wo das Götterkind Zeus in der Bärenhöhle aufgewachsen sein soll, wird am 2. Februar, also an Mariä Lichtmeß, das Kirchenfest der Panagia Arkoudiotissa begangen.[8] Die «Jungfrau Maria von den Bären» hat ihren Kult gerade in der seit Menschengedenken der Bären-Mutter des Zeus geweihten Höhle im Westen Kretas! Dies, so meine ich, ehrt beide, die Mutter Maria und die Bärin.

Die mütterliche Bärin – Ein isländisches Märchen

Im Mythos vom Götterkind Zeus, das die Bärinnen in ihre Obhut nahmen, verbirgt sich eine weitverbreitete Menschheitserfahrung. Auf Island erzählt man sich eine ähnliche Geschichte, die allerdings nicht von einem Götterkind, sondern von einem erwachsenen Mann handelt. Beide verbindet ihre Hilflosigkeit, eine Gefahr auf Leben und Tod – und eine instinktsichere Bärenmutter.

Vor langer Zeit geschah es: Da erlosch auf der Insel Grimsö, die nördlich von Island liegt, im Winter das Feuer. Da der Sund zugefroren war, wurden drei Leute zum Festland geschickt, um Feuer zu holen. Bei einer offenen Stelle blieb einer aus Angst zurück, ging aber der Wake entlang. Da brach er ein und wurde auf einer Scholle zu einem Eisberg getrieben. Auf diesem Eisberg erblickte er plötzlich eine Eisbärin mit ihren Jungen. Hungrig und todmüde, wie er war, gab er nicht mehr viel um sein Leben. Die Bärin erhob sich und schnüffelte um ihn herum. Dann machte sie ihm ein Zeichen, sich zu ihren Jungen auf das Lager zu legen. Sie breitete sich über ihn und ließ ihn mit den Jungen saugen.

Am nächsten Morgen winkte sie den Mann aufs Eis und ließ ihn auf ihren Rücken sitzen. Dann stand sie auf und schüttelte sich, bis er herunterfiel. Dies wiederholte sich dreimal: Nachts lag er mit den Jungen unter dem warmen Körper der Bärin, am Morgen stieg er auf ihren Rücken und wurde heruntergeschüttelt. Doch am vierten Tag gelang es ihm, oben zu bleiben. Da schwamm die Bärin mit ihm gegen Abend zur Insel hinüber.

Und der Mann? Er gab der Bärin ein Zeichen, ihm zu seinem Hof zu folgen. Dort gab er ihr Milch von seiner Kuh, schlachtete die beiden besten Hammel und befestigte sie auf dem Rücken der Bärin. Sie kehrte zum Meer zurück und schwamm zu ihren Jungen.[9]

Diese Erzählung stammt aus einer Zeit, als es noch keine Streichhölzer gab und das Feuerentfachen ein mühsamer und heiliger Akt war. Daher begaben sich die drei Boten in solche Gefahr, um neues Feuer im Feuertopf vom Festland zu holen. Bemerkenswert ist, daß die beiden mutigeren Männer wohl ihre Mission erfüllen und mit dem Feuer heimkehren; dem weniger beherzten Dritten gelingt es aber, eine schwere Aufgabe zu lösen, weil die Tiere auf seiner Seite stehen und sein reines Herz spüren, das ohne Falsch ist. Er ähnelt dem jüngsten Bruder im Märchen, der oft der naive Dummling ist: Keiner traut ihm etwas zu – und doch ist er gesegnet. Er nähert sich völlig erschöpft und hoffnungslos der Bärin. Diese verhält sich so, wie wir es aus dem Mythos vom göttlichen Kind Zeus wissen: Sie adoptiert den Geschwächten und behandelt ihn wie ihre eigenen Bärenkinder. Sehr anrührend empfinde ich, wie sie ihn säugt und mit ihrer Körperwärme vor dem Erfrieren schützt, ja, wie sie ihn trainiert zu klettern und sich festzuhalten, als sei er ein Junges.

Wie der Mythos, spricht auch das Märchen von der Dankbarkeit des Betreuten. Der Mann ehrt die Hilfe der Bärin, indem er ihr schenkt, was er zu geben hat: Kuhmilch und Hammelfleisch. So entsteht ein freundschaftliches Verhältnis zwischen Tier und Mensch, das sich auf gegenseitiger Hilfe und Achtung begründet. – Wie weit ist diese Erfahrungsweise entfernt von unserer gängigen Einstellung, Tiere und Pflanzen seien nur zu unseren Diensten da, stünden der willkürlichen Ausbeutung der Menschen zur Verfügung!

Die Bärinnen im Mythos und die Erfahrung mit der Eisbärin im isländischen Märchen: in beiden Erzählungen haben innere Erfahrungen vieler Menschen mit den Bären ihren tiefen Eindruck hinterlassen. Doch den Märchen und Mythen liegen immer auch Erfahrungen in der alltäglichen Realität zugrunde; diese Erlebnisse werden beim Weitererzählen verdichtet und schließlich von begabten Erzählern ausgestaltet.

Im Falle des Bären scheint es mir besonders schwierig, die äußere Realität, z. B. eines Jägers oder Bärenforschers, von der inneren Realität, dem Mythos oder dem Märchen vom Bären, zu unterscheiden, denn Mensch und Bär haben eine lange gemeinsame Geschichte, die von so gegensätzlichen menschlichen Gefühlen wie Angst und Haß einerseits und Bewunderung, Verehrung und Identifikation andererseits bestimmt ist – je nach dem Bewußtseinsstand des Menschen und seinen kulturellen und religiösen Hintergründen und Erwartungen.

Ist es Mythos oder Wahrheit, wenn von allen Nordvölkern übereinstimmend behauptet wird, der Bär tue niemals hilflosen Wesen etwas zuleide, weder Kindern, Säuglingen noch Frauen – und auch Männern nicht, wenn diese sich schlafend stellen? Oder daß ein Bär keinen Menschen angreift, wenn dieser ihm wohlgesinnt ist? Die Lappen zum Beispiel sind sich dessen sicher und haben ihre Erfahrungen, daß man den Bären nur freundlich ansprechen und sich zu erkennen geben muß: «Lieber Großvater, tu mir nichts, ich will dir auch nicht schaden!» Ebenso die Mädchen und Frauen des nordamerikanischen Stammes der Tlingit: Wenn sie durch die Wildnis streifen, um Beeren oder Wurzeln zu suchen, und auf die Spuren eines Bären stoßen, so beginnen sie mit lauten Lobeshymnen auf die Vorzüge des Bären und bitten ihn, ihnen nichts zuleide zu tun. Hätten sie an dieser alten Methode festgehalten, wenn sie nicht immer wieder wirken würde? Es scheint unter anderem die menschliche Stimme zu sein, deren Klang und Ausdruck der Bär deutet. Ihn interessiert zuerst, ob sich ein potentieller Feind nähert. Die hellen Stimmen von Kindern und Frauen und die freundliche Tonlage eines Mannes beruhigen ihn, er muß auf keinen Angriff gefaßt sein und kann in Ruhe seinem Tagewerk nachgehen. «Wenn du dein Herz sprechen läßt, verstehen dich die Bären», so ein erfahrener Dene-Indianer.[10]

Daher halte ich folgende Geschichte eines älteren Lappen nicht für Jägerlatein: Er erzählte, daß er einmal mitten in der Wildnis einem großen Bären begegnete. Dieser hielt in den Armen ein Rentier, das er gerade erbeutet hatte. Der alte Mann sprach ihn an, und als ob der Bär dessen Hunger und Hilflosigkeit gespürt hätte, legte er die Beute ab und trollte sich seitwärts in den Wald. Er kam erst zurück, als sich der Lappe ein gutes Stück Renfleisch abgeschnitten hatte.[11]

Unter Bärenkennern ist es eine ausgemachte Sache, daß man bei einer nahen Begegnung mit dem «Waldkönig» einen klaren Kopf bewahren, sich ruhig verhalten und am besten schlafend oder tot stellen soll. Bären fressen keine Menschen, sie beschnüffeln und untersuchen einen Schläfer oder «Toten» bestenfalls und lassen ihn dann in Ruhe. Besonders in den Schutzgebieten Kanadas, Nordamerikas und Schwedens, wo man den Bären noch von Nase zu Nase begegnen kann, ist dieser Erfahrung die Regel.

Der Bärenforscher Helmut P. Heft besuchte die Bären häufig zu Studienzwecken in Westkanada, British Columbia und in Alaska. Doch «schließlich siedelte ich in den Wäldern des Nordens, mitten zwischen Grizzlies und Baribals (Anm.: Schwarzbären) – auf du und du mit dem ‹behaarten Bruder Bär›, wie die Navajo-Indianer ihn nannten.»[12]

Eine seiner vielen Begegnungen «auf du und du» mit den Grizzlies verlief so:

In Zentral-Alaska hatte er an einem heißen Sommertag allein eine mühsame Wanderung durch ein wildes Stromtal unternommen, war durch Wasser und Schlamm gewatet, nur um die goldgelben Grizzlies dieser Region zu beobachten. Erschöpft machte er seine Mittagspause und legte sich auf einer Kiesbank am Fluß nieder. Seine durchnäßten Sachen hatte er zum Trocknen ausgebreitet. An diesem heißen Tag stand ihm sein Sinn «mehr nach Bier als nach Bär», und so döste er vor sich hin.

«Da knirschte es rechterhand im Kies. Schwere Tritte kamen näher, verweilten für einen Augenblick und waren dann schon dicht an meinem Ohr, mit dem ich auf dem steinigen Boden lag. Ich dachte sofort an einen Grizzly und regte mich nicht. Nur die Augen öffnete ich zu einem Schlitz: Zwischen den Büschen schob sich ein zottiger Körper heran, ich sah den dicken, tellerrunden Teddykopf auf zehn Meter Abstand, auf acht, auf sechs – und machte die Augen wieder zu. Der Bär wanderte auf der Kante der Kiesbank am Wasser entlang. Dort lag ich ihm direkt im Wege. Totstellen dachte ich bloß noch, da war er auch schon heran, und die Sonne verdunkelte sich für einen Moment, als er über mich hinwegstieg. Mitten in dieser Bewegung hielt er inne, beroch mich und blies mir seinen Atem ins Gesicht.

Im Weitergehen schnappte der Bär nach meinem blauen Leinenhemd, das zum Trocknen in der Sonne lag, und setzte seinen Weg damit fort. Er nahm das Andenken nicht lange mit, doch trug es ihm in unseren Niederschriften seinen Namen ein: Der Grizzly mit dem blauen Hemd. Ich konnte ihn noch eine Weile sehen und untersuchte später seine Spur.»[13]

Auf weitere Begegnungen mit den behaarten «Brüdern und Schwestern Bären», die Heft mit der Genauigkeit des Forschers und mit dem Humor und der Zärtlichkeit eines Bärenliebhabers erzählt, kommen wir später noch zurück.

Heft nennt sie bezeichnenderweise Brüder und Schwestern und stellt sich auf die gleiche Stufe mit ihnen. Unsere Mythen und Märchen aber sehen das anders: In ihnen spielt der Bär, die Bärin eine überlegene Vater- oder Mutterrolle, denn er half dem Menschen zu überleben und gab ihm Stärke, manchmal sogar eine übermenschlich anmutende Kraft. In vielen Märchen adoptieren Bärenmütter einen Menschen, der dann mit seinen Bärenkräften Heldentaten vollbringt. Dies ist ein weiterer Beleg für eine traditionsreiche und tief verwurzelte Bären-Mensch-Beziehung: eine Beziehung, in der die Menschen die Rolle des abhängigen Kindes spielen, das noch viel zu lernen hat und einen Schutzraum braucht, um überleben zu können. Die Bären ihrerseits übernehmen – wie die Menschheitsüberlieferungen berichten – die Rolle des Großvaters (indianische Traditionen), also einer väterlichen Instanz, oder die Rolle der Mutter (minoische, griechische und keltische Überlieferungen). Wenn wir das Eltern-Kind-Verhältnis bildlich auf das Verhältnis von Bär und Mensch übertragen, müssen wir erwarten, daß neben Anhänglichkeit, Liebe und Faszination auch Abgrenzung und Ablehnung die Gefühle des Menschen dem Bären gegenüber bestimmen. Negative Gefühle entspringen fast immer einem langen Abhängigkeitsverhältnis. Eltern und Kinder wissen hiervon ein (oft mißtönendes) Lied zu singen! Vielleicht liegt darin eine Erklärung für das schwerverdauliche Phänomen, daß gerade der Bär, der von sich aus dem Menschen nichts anhaben will, seit den tödlichen Kämpfen in römischen Arenen so grausam verfolgt, gequält und nahezu bis zur Ausrottung abgeschlachtet wurde? Mit dieser dunklen Seite eines uralten Verhältnisses werde ich mich später noch einmal befassen und sie zu verstehen versuchen.

In den Mythen und Bärenritualen, denen ich mich nun zuwenden möchte, steht die Tötung des Bären im Mittelpunkt des Geschehens – und doch sind die Erzählungen von Verehrung und Verbundenheit mit dem Bärenwesen geprägt. Ein Widerspruch?

«O du kostbare Gottheit» – Mythen und Riten im Bärenkult der Nordvölker

Ein mythisches Gedicht aus Finnland erzählt: Der erste Bär kam vom Himmel. Er wurde im Land der Sonne, des Mondes und des Großen Bären geboren. Damit es auch auf der Erde Bären gebe, wurde er in eine goldene Wiege gelegt, die an silbernen Ketten aufgehängt war. So wurde er auf die Erde hinabgelassen, mitten auf einen Honigstand, weil Honig seine Lieblingsspeise war.

Ein anderes Jägervolk des nördlichen Finnland erzählt die Geschichte noch genauer: Im Himmel lebte ein junger Bär im Hause seines Vaters, des höchsten Gottes Num Tarem. Während dieser auf die Jagd ging, war der junge Bär im Haus eingeschlossen. Einmal trieb den jungen Bären seine Neugier, wie es wohl draußen aussehe, und er brach in den Hof aus. Sein Fuß sank tief in dessen wolkigen Boden ein, und durch das Loch, das entstand, konnte er das erste Mal auf die Erde hinunterblicken. Er sah geradewegs auf das Land der Ob-Ugrer hinab und war entzückt, wieviele Bäume und Büsche mit den verschiedensten Beeren es dort gab. Er bat seinen Vater um die Erlaubnis, auf die Erde hinunterzugehen. Num Tarem ging auf den Wunsch seines Sohnes ein, und so wurde der junge Bär an Gold- und Silberketten hinabgelassen auf die «schwarze und prasselnde Erde». Der Gott trug seinem Sohn auf, er solle mit den guten Menschen in Frieden leben; die bösen aber solle er bedrohen.

Da nun der Himmelsbär das Los alles sterblichen Lebens auf der Erde teilen mußte, bestimmte Num Tarem die Begräbniszeremonien für das Geschlecht der Bären. Sie sollten damit abgeschlossen werden, daß der Bär zu seinem Vater in den Himmel zurückgeschickt wurde. Ein Ranzen voller Speise und Silber sollte ihm mit auf den Weg gegeben werden.[14]

In diesem Mythos wird uns erzählt, wie es geschah, daß der Himmelsbär auf die Erde kam. Das war vom obersten Gott wohl gar nicht vorgesehen, sein Bärensohn traf selbst die Entscheidung. Was ihn dazu bewog, war «typisch Bär»: die Neugier, die Bärenstärke, für die nicht einmal Himmelstore Hindernisse sind, und sein Appetit auf süße Beeren und

Obst. Vielleicht auch die Lust, auf Bäume zu klettern. Die Ob-Ugrer waren überzeugt, daß sich der Bär eigens ihr Land ausgesucht habe, um dort zu leben. Er tauschte freiwillig das wolkige, lichte Haus seines göttlichen Vaters ein gegen die «schwarze und prasselnde Erde», wo es oft finster ist und ungemütlich zugeht.

Der junge Himmelsbär wird mit väterlicher Sorgfalt auf die Erde geschickt: mit Hilfe von Gold- und Silberketten; in einer Fassung wird zusätzlich von einer goldenen Wiege erzählt, die an silbernen Ketten hängt. Nun stammt der kleine Bär ja aus dem jenseitigen Land von Sonne, Mond und Sternen, und die glänzenden Ketten erinnern an die goldenen Sonnenstrahlen und die silbernen Strahlen des Mondes. (Die symbolische Zuordnung des Goldes zur Sonne und des Silbers zum Mond ist rund um die Erde zu finden.) Das heißt, er wird sowohl mit der Sonne wie auch mit dem Mond verbunden: Und tatsächlich gilt er auf der Nordhalbkugel durchweg als solares und lunares Tier.

Wie kommt der Braunbär zu solchen Ehren? Die Menschen des Nordens erlebten den Lebensrhythmus des Bären wie die Rhythmen von Sonne und Mond: Mit dem absteigenden Sonnenbogen im Frühherbst geht er an den Bau seiner Höhle und verschwindet in ihr, wenn die dunkle Zeit des Jahres beginnt. Dort ruht er, ohne Nahrung zu sich zu nehmen, und zehrt von seinem «Sommerspeck». Ähnlich erleben die Menschen die Sonne in den nördlichen Breiten: Sie verschwindet in den Wintermonaten gänzlich unter dem Horizont, so daß sich monatelang Kälte und Finsternis ausbreiten. Im Frühling verläßt der Bär seinen Ruheplatz unter der Erde und zeigt sich wieder, die Bärin oft im Geleit ihrer Neugeborenen, die sie in ihrer Winterhöhle zur Welt gebracht hat. Dann ist das Fressen der Bären Lieblingsbeschäftigung, sie werden rund und dick. Ähnlich die nördliche Sonne: Hat sie einmal ihre «Winterhöhle» unter dem Horizont verlassen, nimmt sie immer mehr an Kraft zu, ihr

Jahresbogen am Himmel steigt immer höher bis zum Sommer.

Die mittel- und südeuropäischen Kulturen sowie die des mittleren Amerika betrachten den Bären eher als lunares Tier, denn sein Lebensrhythmus entspricht auch den Mondphasen: dem Wachsen und Anschwellen bis zum Vollmond und dem allmählichen Abnehmen und Schwinden bis zum Dunkelmond.[16]

Hier kommen wir einem der Gründe auf die Spur, warum der Bär so große Verehrung genießt: Vom Licht der Himmelskörper hängt unser ganzes Leben, Gedeih und Verderb der Nahrungsquellen, Geburt und Tod alles Lebendigen ab. Den Menschen der Frühzeit mochte es als tröstliche Gewißheit erscheinen, wenn die Jäger bei ihren winterlichen Beutezügen einen Bären in seiner Ruhehöhle entdeckten: Sie sahen, daß er nicht ganz verschwunden war, sondern nur schlief, ja, sich ihnen sogar als Beute für ihr Überleben anzubieten schien – also, mochte ihr Schluß sein, wird auch die Sonne wiederkommen, wenn sie ihre Winterruhe beendet hat, und sie nicht erfrieren und verhungern lassen!

Der Bär gehört nach dem finnischen Mythos dem Himmel, seiner wahren Heimat, und zugleich der Erde, wo er den Menschen hilft, ihr Leben zu erhalten, indem er sich finden und töten läßt. Der Himmelsgott, sein Vater, stiftet das Verhältnis zwischen Mensch und Bär und die Rituale, die die Menschen befolgen sollen. Mit den guten Menschen – die «ihr Herz sprechen lassen» – soll der Bär in Frieden leben. Wie wir sahen, halten sich die Bären daran und lassen den gutwilligen Menschen in Frieden. Ihre seltenen Angriffe sind eher Unfälle und meistens auf unachtsames oder ignorantes Verhalten der Menschen zurückzuführen.

Was die Rituale betrifft, so gehören die Begräbniszeremonien für den toten Bären zu den wundersamsten, eindrucksvollsten und ältesten Zeremonien, die mir bekannt sind – und sie haben bis in unser Jahrhundert überdauert! Sie dienen dazu, den Geist des getöteten Himmelsbären zu versöhnen und in seine Heimat zurückzugeleiten. Sein Fleisch, sein Fett und sein Fell betrachten die Ob-Ugrer und viele andere Völker des Polarkreises als ein Geschenk des Himmelsgottes und achten es hoch. Der getötete Bär soll es daher gut haben, wenn sein Geist mit Geschenken und einer Wegzehrung in seine Sternenwelt zurückkehrt – nach Ritualen und einem dreitägigen Fest zu seinen Ehren.

Was sind das für Rituale, die das Begräbnis des Bären begleiten? Bei den finnischen Völkern bestehen sie aus zwei Haupthandlungen: der rituellen Tötung des Bären und dem Begräbnisfest. Auf die Tötung bereiten sich die Jäger vor, indem sie Waffen und Kleidung durch Rauch reinigen. Dann begeben sie sich in einer Prozession zur Winterhöhle des Bären. Den Zug führt derjenige an, der ihn zuerst entdeckt hat, dann folgt der Schamane als Vermittler zwischen dem Geist des Bären und den Menschen und zuletzt der Jäger, der die Aufgabe hat, den Schlafenden zu töten. Ist dies vollbracht, dankt der Schamane in Liedern dem Bären dafür, daß er keinem etwas zuleide getan hat. Der tote Körper wird mit Weidenzweigen geschlagen, wahrscheinlich, um ihm seine Lebenskraft, die man ihm genommen hat, symbolisch wiederzugeben. (Das Schlagen mit Weidenzweigen ist ein bekanntes Fruchtbarkeitsritual.) Dann wird der Bär auf einen Schlitten gelegt und nach Hause gefahren.

In einem in diesem Jahrhundert aufgezeichneten Lied singen die Jäger in der Nähe des Lagers: «Hier kommen Männer aus Schweden, Deutschland, England und allen Ländern…» und werden von den Frauen entsprechend als Fremde begrüßt, die den Bären erlegt haben. Das Lied soll sicherlich dazu dienen, die mögliche Rache des Getöteten von sich selbst abzuwenden, indem man Fremde als seine Mörder ausgibt.

Das Fleisch wird durch den hinteren, heiligen Eingang ins Winterzelt gebracht, und die Männer haben die Aufgabe, es zu zerteilen und zuzubereiten. Danach beginnt ein dreitägiges Fest, das Frauen und Männer gemeinsam feiern. Das Fleisch des erlegten Bären wird restlos verzehrt, nichts darf aufgehoben oder weggeworfen werden. Frauen müssen dabei rituelle Vorsichtsmaßregeln beachten, weil in ihrem Glauben der Bär sie schwängern kann. Zum Fest gehören Singspiele, bei denen Männer oder Frauen die Rolle des Bären übernehmen und mimisch ausdrücken, wie sehr er zufrieden ist, so gut behandelt zu werden. Zuletzt begraben die Männer seinen Schädel, sein Skelett mit den Geschlechtsteilen und den Schwanz.

Die Lappen sind der Überzeugung, so die Rache des getöteten Tieres abgewendet und es freundlich gestimmt zu haben. Gewiß wird dieser Bär sein Wohlwollen auf die gesamte «Bärheit» übertragen, so daß seinesgleichen sich auch in Zukunft bereitfinden wird, sich von den Lappen jagen zu lassen und zu ihrem Lebensunterhalt beizutragen.[17] Die sorgsame Bestattung der Knochen und des Schädels läßt die Jäger vor allem hoffen, daß der Herr der Tiere, beziehungsweise der Geistaspekt der Bären, diese Knochen wieder mit Leben erfüllen und einen neuen Bären daraus erstehen lassen wird, denn diese Körperteile gelten als Träger der Lebenskraft.

Diese Begräbniszeremonie, noch bis in dieses Jahrhundert unter anderem bei den Lappen vollzogen, wurde schon von den nordischen Jägern der letzten Zwischeneiszeit praktiziert, ist also mindestens 30000 Jahre alt. Dafür gibt es überraschende Belege. Seit den zwanziger Jahren fanden Höhlenforscher in den Alpen und deren Randgebieten sogenannte Knochendepots von Höhlenbären: Schädel und Langknochen waren an der Höhlenwand, in Felsnischen oder Steinkisten gelagert, oft von Ost nach West ausgerichtet – also in der symbolischen Richtung der Sonnengeburt.

Die bekanntesten Fundstätten sind die Petershöhle in Franken, die Drachenlochhöhle und das Wildenmannlisloch in der Schweiz sowie das Drachenhötli und die Salzofenhöhle in Österreich. Die Deutung dieser Bärengräber hat die Gelehrten sehr beschäftigt. Von den geschilderten Zeremonien, die bis zu Beginn dieses Jahrhunderts in Finnland praktiziert wurden, konnten sie Rückschlüsse ziehen auf den rituellen Umgang mit getöteten Bären, wie ihn der altsteinzeitliche Mensch pflegte, und vor allem auch auf das mythische Weltbild, das diesen Riten zugrunde liegt[18]: Es ist die uralte und immer noch lebendige Hoffnung und Sehnsucht, daß der Herr und die Herrin des Lebens den Lebensatem niemals ausgehen läßt und der Tod nicht das letzte Wort hat.

Diese Begräbniszeremonien, deren Inhalt und Sinn bei allen Jäger- und Sammlervölkern des Nordens – von Nordeuropa bis Kanada und Nordasien – ähnlich sind, und die mythischen Erzählungen zeigen, daß der Bär wohl als einziges Tier seit der jüngeren Steinzeit und bis in unser Jahrhundert ununterbrochen verehrt wurde.[19] Er galt als Himmelsbote, und nach seiner Tötung wurde seine «Seele» rituell als Bote der Menschen in die Geistwelt oder zum Sternbild des Großen Bären zurückgeschickt, mit dem Auftrag, dort nur Gutes über den betreffenden Stamm zu berichten. Er sollte gern zur Erde zurückkehren und dafür Sorge tragen, daß sich die Bären vermehren.

Die alten Finnen, von denen unsere Schilderungen stammen, verehrten den Bären als besonders mächtiges und heiliges Tier. Er wurde oft mit dem Herrn des Waldes, dem «Waldgeist», identifiziert. Desgleichen bei den sibirischen Golden, einem lebenskräftigen und noch immer zahlreichen Völkchen: «Sie haben von allen Tieren den Bären am höchsten eingeschätzt und ihm eine unsterbliche Seele (Freiseele) zugeschrieben, die im Jagdritual zeremoniell verehrt wurde.»[20]

Was soll man hier unter «Seele» verstehen? Es ist die nichtkörperliche Erscheinungsform, die aus dem Tierkörper durch die Tötung befreit und durch einen Ritus in die Geistwelt «heimgeschickt» werden muß, wo sie mit anderen tier- und menschengestaltigen Seelen lebt. Bis sie sich wieder für einen Bärenkörper auf der Erde entscheidet... Diese Glaubensvorstellungen dürfen nicht mit dem Totemismus verwechselt werden.[21]

Die oben geschilderte Begräbniszeremonie wurde im Winter abgehalten, wenn man den Bären nicht erst jagen mußte, da er in seinem Winterlager leicht aufzustöbern war. Die Jäger glaubten, daß er damit, daß er sich ohne Widerstand finden und töten ließ, seine Zustimmung zeigte, den Menschen zum Lebensunterhalt zu dienen und ihre Kulthandlungen anzunehmen. Aus dieser Einstellung der Jägervölker, die sich über einen unglaublich langen Zeitraum bewährt und das Weiterleben von Mensch und Tier gesichert hat, spricht ein Verhältnis zur Natur, das wir zivilisierten Menschen kaum noch kennen.

In diesem Weltbild waren Mensch und Tier, der Jäger und das Gejagte, Leben und Tod in einer großen Einheit verbunden. Zu dieser Einheit gehörte die sichtbare Welt und genauso selbstverständlich die unsichtbare Welt der Tiergeister, Ahnen und Götter. Eine höchste göttliche Instanz – bei den finnischen Ugrern war es der Himmelsgott und Vater der Bären, Num Tarem – stiftete die Gesetze, die diese Einheit mit ihrem Gleichgewicht von Geben und Nehmen garantieren sollten. So gab der Bär seinen Körper für den Lebensunterhalt der Menschen, und die Gruppe, vertreten durch den Schamanen, gab durch die Rituale die geistigen und seelischen Energien. Solche Zeremonien waren oft gestaltet als heilige Dramen mit tiefer Symbolik und Ausdruckskraft, in denen jeder mitspielte und sein Bestes gab.[22]

Am Ende ihrer Zeremonien stimmten die Finnen eine Art «Schlußchoral» an, wenn sie den Bärenschädel ins Geäst einer hohen Fichte gelegt hatten:

«Wir hinterließen den Bären auf einem goldenen Gipfel, auf einem sicheren Fichtenast, damit er Sonne und Mond sehen kann...»[23]

Ein solches Zeremoniendrama für den Bärengeist – oder seine «Freiseele» – konnte zehn Tage dauern. Die karelischen Begräbnisfeste hießen interessanterweise «Bärenhochzeiten», weil in ihnen Hochzeitssymbole eine große Rolle spielten. Wenn am letzten Tag der Feierlichkeiten Bärenschädel, Knochen, Schwanz und Geschlechtsteile beigesetzt wurden, formierte sich ein Hochzeitszug: An der Spitze vertrat ein Mann, der eine Schale mit dem Bärenschädel trug, den Bärengeist, ihm zur Seite ging ein junges Mädchen als Braut für einen männlichen Bären oder ein junger Mann als Bräutigam für ein totes Bärenweibchen.[24] Die Hochzeitssymbolik macht nochmals deutlich, daß das Bärenbegräbnis auf Fruchtbarkeit und neues Leben hinzielte. Sie zeigt außerdem eine Facette der Verbundenheit des Menschen mit dem Bären, von der hier noch nicht die Rede war: Im Glauben gewisser Völker konnten Bär und Mensch, meistens Bärenmann und Menschenfrau, miteinander menschliche Nachkommen zeugen, die «Bärenkräfte» besaßen. Solche «Bärenmenschen» waren besonders groß, stark, mutig und geschickt oder verfügten über geheimes Wissen und Zauberkräfte. Wir werden ihnen später noch einmal begegnen.

Einer letzten Zeremonie, in der es um die rituelle Tötung des Bären geht, möchte ich mich zuwenden. Ich schicke voraus, daß mir diese Zeremonie sehr nahegegangen ist.

Der Ritus wurde bis in unser Jahrhundert von den Ainu praktiziert, einem urtümlichen, vom Aussterben bedrohten Volksstamm, der auf der nordjapanischen Insel Hokkaido lebt. Die Ainu gleichen in Aussehen und Sprache keinem noch heute lebenden Volk: Ihr Körperbau ist klein und gedrungen, ihre Haltung vornübergebeugt, und sie sind auffallend stark behaart. Die Körperhaare und die sehr langen Bärte der Männer werden von den Frauen imitiert, indem sie sich Bärte ins Gesicht tätowieren. So fremd wie ihr Aussehen sind auch ihre Sprache und Gebärden.

Der Bär verkörpert für die Ainu eine «kosmische Macht, die das Geschehen der menschlichen Welt entscheidend beeinflußt, wenn nicht gar beherrscht.»[25] Auch andere Tiere wie der Wal, der Lachs und die Eule gelten ihnen als Gottheiten, die in menschlicher Gestalt in einer anderen Welt, der unseren ähnlich, leben. Sie kommen gelegentlich auf diese Welt, um hier in der Gestalt von Tieren zu «spielen». Der Bär ist die oberste Gottheit: Sein Name – «kamui» – bedeutet «Gott».[26]

Die Begegnung mit einem Bären löst im Menschen tiefe Gefühle aus. Er ist hin- und hergerissen zwischen Furcht und Bewunderung, zwischen Schrecken und Anziehung, zwischen «tremendum et fascinosum»: Es ist die Wirkung von etwas Übermächtigem. Dies kann der Erfahrung der Ainu vom Bären als einer göttlichen Erscheinung sehr nahekommen und uns ihr Bärenritual einsichtiger machen.

Dies beginnt mit mütterlicher Fürsorge und Zärtlichkeit für den jungen Bären und endet in dessen Gegenteil: einem grausam anmutenden langen Tötungsritual. Das uralte Gesetz der Ainu sieht vor, daß auf der Jagd ein Bärenjunges gefangen und heil in die Hütte gebracht werden muß. Dort wird es von den Frauen wie ein Menschenkind aufgezogen, von ihnen gesäugt und zärtlich umsorgt wie ein besonderer Gast. Wenn der Bär zu groß und zu stark und seine «Umarmung» gefährlich geworden ist, wird er in einen Holzkäfig gebracht. Auch dort wird er gut behandelt. Wenn er etwa zwei oder drei Jahre alt ist, bereiten die Ainu das Fest der Bärentötung vor, das sie «iyomande», «Entsenden» nennen. Sie meinen damit, daß sie den Geist des Bären freisetzen und in seine himmlische Heimat zurückschicken. Zu diesem Fest wird das ganze Dorf eingeladen, es wird reichlich gegessen und getrunken; Gebetsstäbe werden angefertigt, Speise- und Trankopfer vorbereitet, die mit dem Bärengeist «heimgeschickt» werden sollen. Der Käfig mit dem Bären wird auf den Festplatz getragen, von Frauen und Kindern beklatscht und umtanzt.

Das Tötungsritual selbst führen nur die Männer des Stammes aus und leiten es ein, indem einer von ihnen dem Bären eine Rede hält: Er bittet ihn um Verzeihung, erklärt ihm, wie ehrenvoll der Ritus für ihn sei, und bittet ihn um Wiederkehr auf diese Welt.

> «O du kostbare kleine Gottheit, wir verehren dich ... Wir haben dich ernährt und dich aufgezogen mit Mühe und Last, weil wir dich so sehr lieben. Nun, da du groß geworden bist, sind wir dabei, dich zu deinem Vater und deiner Mutter zu senden. Sprich bitte gut von uns ..., bitte, komm wieder zu uns.»[27]

Mit vergifteten Pfeilen wird der Bär zunächst verwundet. Je wilder er wird, desto fröhlicher werden die Menschen. Ist er endlich erschöpft, wird er mit dem Hals zwischen zwei sogenannte «Erwürgungspfähle» gebracht. Ein Bogenschuß soll nun das Herz des Tieres durchbohren, ohne sein Blut zu vergießen. So endet das Leben der «kostbaren Gottheit». Die Seele aber soll aus dem Bären getrieben und «heimgeschickt» werden, indem er unter Mithilfe des ganzen Stammes zwischen den beiden Holzpfählen «erwürgt» wird. Dabei entsteht eine große Erregung unter den Ainu, denn jeder will Hand an das tote Tier legen.

Der Kopf wird abgetrennt, enthäutet, entbeint und schließlich mit magischen Objekten verziert. Dem Schädel wird nun eine kultische Verehrung dargebracht. Gebete, Segen, Tänze und ein gemeinsames Mahl, bei dem ein jeder Ainu vom Blut des Tieres trinkt und vom gekochten Fleisch etwas verzehrt, beschließen die Zeremonie.

«Auf diese Weise tritt er (der Ainu) in enge Verbindung mit der lieben kleinen Gottheit, wie er das Opfer nennt; und dies scheint mir die besondere Art zu sein, auf die er seine soziale und religiöse Gemeinschaft mit seinem toten Gott und seinem Volk zeigt.»[28]

Der oben zitierte Forscher weist am Schluß seines Berichtes auf eine Deutung hin, die an das uns vertraute christliche Sakrament des Abendmahles denken läßt: Das Ziel ist, mit der Gottheit und der Gemeinschaft eins zu werden durch das gemeinsame Essen des geopferten göttlichen Wesens. Die heftige Erregung der Ainu zeigt, wie tief sie von diesem Geschehen ergriffen waren. Ihr Leben hing davon ab, den Bärengeist auf rechte und ehrenvolle Art zu «entsenden»: als ihren Botschafter in der geistigen Welt und als Garanten ihres Wohlergehens.

Doch warum solche Grausamkeit? – Als eine Liebhaberin der Tiere und besonders der Bären bin ich entsetzt, wenn ich mir vorstelle, daß so über Jahrtausende unzählige Bären auf grausame Art sterben mußten. Wenn das Töten für die Ainu auch lebenswichtig war, warum mußte es so qualvoll geschehen? Wie konnten die Ainu-Frauen es ertragen, ihre aufgepäppelten Lieblinge so leiden zu sehen? Muß der Bär, die «kostbare kleine Gottheit», diesen hohen Preis für seine Göttlichkeit bezahlen? Schlägt in der Zeremonie das «fascinosum» ins «tremendum» um, die Faszination in Furcht und Aggression? Versuchen die Menschen, ihre Ohnmacht gegenüber der Stärke und Überlegenheit des Bären durch kollektive Raserei zu besiegen?

Daß mich und viele andere das Leid, das den Tieren durch Menschen zugefügt wird, so aufwühlt, ist ein Zeichen, daß in uns heutigen Menschen etwas Elementares ausgelöst wird, von dem die Tiefe unserer Seele sicher etwas weiß, dem wir aber mit dem Verstand allein nicht beikommen. Daher können wohl auch die meisten Fragen, die ich gestellt habe, keine schnelle Antwort finden. Ich frage also besser danach, warum mein Mitgefühl sich so stark regt.

Es ergeht mir mit dem Bären, «als wär's ein Stück von mir». Etwas in mir leidet und stirbt mit ihm – aber auch den zahllosen anderen Tieren, denen für unsere Forschung, unsere Medizin, unseren Genuß Gefangenschaft, Leiden und Tod aufgebürdet werden. Im Unterschied zu den Ainu lassen wir das Martern und Töten von anderen besorgen und geben den Tieren weder Dank noch Ehrerbietung für ihr Opfer zurück. Und wir schicken ihre Seelen auch nicht «heim», weil wir uns angewöhnt haben, Tiere für seelenlos zu halten. Vielleicht würde es etwas Entscheidendes für das Heil von Tier und Mensch bedeuten, wenn wir wieder lernen würden, uns mit der Seele des Tieres zu verbinden, wenn es für uns sein Leben läßt.

Zur «Entschuldigung» der Ainu – selbstverständlich brauchen sie diese nicht! – sei gesagt, daß sie nicht nur mit dem Bären, sondern auch mit sich selbst nicht gerade zimperlich umgehen. Die Initiation eines Schamanen ist mit Schmerzen und Nahtoderfahrungen verbunden, damit sich die Seele leichter vom Körper löst und die «andere Wirklichkeit» bereisen kann. Mit diesen Erfahrungen besiegen sie die Angst vor dem Tod. Vielleicht haben sie dem Bären die gleiche Erfahrung zugetraut? Oder hatte das Pfeilgift zu Beginn der Bärenzeremonie eine den Schmerz dämpfende Wirkung auf den Bären? – Ich halte es für möglich.

«...als wär's ein Stück von mir»: Für die Ainu ist der junge Bär ein Stück von ihnen, wenn seine Seele die große Reise antritt, und sicher sehen sie auch ihrem eigenen Tod ins Auge, wenn «die kostbare kleine Gottheit» den Tod erleidet.

«Der Weg des Bären ist auch der des Menschen. So wie der Bär zunächst beschützt und aufgezogen, dann aber seine Hülle geopfert wird, damit er mit dem Herrn der Berge zusammentreffen kann, so muß auch jeder Mensch eines Tages dem Tod ins Auge blicken, damit er bald wieder mit seinem Schöpfer verschmelzen kann.»[29]

So hoch ist offenbar der Preis, wenn Gott, Tier und Mensch zu einer Einheit verschmelzen, wie in der Bärenzeremonie der Ainu.

Der Bär ohne Bärenfell – Ein Lob des Teddybären

Ein Fell gegen Angst und Ängstlichkeit

«Wer überängstlich ist, muß das Fell des Bären zwischen den Ohren nehmen, gerben und so lange auf seine Brust legen, bis er davon erwärmt wird. So verliert er seine Ängstlichkeit.»[30]

Diese Gebrauchsanweisung für Bärenfelle hat mich sofort angesprochen. Heute würden alternative Heilkundige vermutlich Bachblüten verwenden, um Ängstlichkeit zu therapieren; andere würden einem überängstlichen Menschen eine Psychotherapie empfehlen. Aber die Idee, ein Bärenfell zu verwenden, ist mir verständlicherweise besonders lieb. Sie stammt aus dem Heilwissen der Hildegard von Bingen, die «von Beruf» Äbtissin, von der Berufung her aber noch viel mehr war: so verfaßte die Mystikerin – sie lebte von 1098 bis 1179 – außer ihren geistlichen Werken eine Heilkunde, ein Buch über die Steine, Lieder und eine Naturkunde, aus der dieses Zitat stammt. Hildegard – so vermute ich aus der Sicherheit ihrer Empfehlung – hatte ihre Erfahrung mit dem Bärenfell. Aus einer literarischen Biographie zu ihrem Leben entnehme ich, daß der Echternacher Abt ihr ein Bärenfell schenkte.[31] Ein solches war ihr auch von Herzen zu wünschen – ihr und den vielen Klosterfrauen und -männern des Mittelalters in ihren ungeheizten Zellen! Ein Bärenfell ist sicher der wärmste und dichteste Teppich, die weichste Decke, die man sich wünschen kann. Und noch dazu, wie wir erfahren, eine Therapie gegen Ängstlichkeit!

Nicht, daß ich den Handel mit Bärenfellen unterstützen

will – ich würde mich eher dafür einsetzen, daß die wenigen noch lebenden Bären ihr Fell behalten dürfen! Doch hat mir die Heilige Hildegard sehr bei der Einführung in mein Kapitel über den Teddybären geholfen. Sie weiß um die Wirkung des Bärenfelles und hat diese wohl auch am eigenen Leib und an der eigenen Seele erfahren. Wir heutigen Bärenliebhaber und -liebhaberinnen besitzen kaum mehr ein richtiges Bärenfell, aber einen vollwertigen Ersatz – den Teddybären. Wie gut, daß er erfunden wurde!

«Wer überängstlich ist, muß den Teddybären ... so lange auf seine Brust legen, bis er davon erwärmt wird. So verliert er seine Ängstlichkeit.»

Ich hoffe, daß die Heilige Hildegard mit meinen folgenden Ausführungen zufrieden wäre und mir den freien Gebrauch ihres Zitates verzeihen würde. Der Teddy wird zwar selten aus Fell, sondern meistens aus Wollplüsch oder aus synthetischen Fasern gemacht, ihm fehlt also die Bärenenergie, die das Bärenfell mit seiner unvergleichlich dichten, feinen und weichen Struktur wachsen ließ. Dafür hat er den großen Vorteil, seinem lebenden Vorbild im Aussehen zu ähneln und damit eine bestimmte Sehnsucht in uns zu stillen.

Im vorigen Kapitel wurde deutlich, daß uns nördliche Menschen eine lange «Seelengeschichte» mit dem Bären verbindet, die sich in eindrücklichen Ritualen und Mythen niedergeschlagen und dem Bären oder der Bärin einen unvergeßlichen und unübersehbaren Platz am Sternenhimmel verschafft hat. Sie begann, als Frühmenschen (Neandertaler) den mächtigen Höhlenbären über 40000 Jahre lang jagten und verehrten; als dieser vor 10000 Jahren ausstarb, übertrug sich die Verehrung auf andere Bärenarten, vor allem unseren Braunbären und auf den nordamerikanischen Grizzly. In unserem Jahrhundert sind auch diese Bären vom Aussterben bedroht – durch den Bemächtigungsdrang und die Habgier der Menschen. Genauer: der zivilisierten Menschen. Und gerade diese erschaffen sich ein neues Bärenkultobjekt, pflegeleicht und passend zur Alltagskultur: eben unseren Teddy. Die Seelengeschichte mit dem Bären geht also weiter!

Der Teddy als Seelengefährte für Erwachsene

Wie das Bärenfell ist auch der Teddy ein Heilmittel. Ja, im Kinderzimmer – werden Sie jetzt denken –, da ist er wichtig als Spielgefährte der Kleinen! Das stimmt gewiß, aber er ist ebenso ein Seelengefährte der Großen. Meine Beispiele stammen fast ausnahmslos von gestandenen Erwachsenen, Männern wie Frauen, denen ihr Teddy ein Heilmittel bedeutet, oft eins gegen die Angst oder die Ängstlichkeit. Zum Beispiel unterwegs auf Reisen, wenn man den vertrauten Ort verlassen muß und sich ins Ungewisse begibt.

Bei meinen letzten Zugreisen sah ich oft Weltenbummler, deren zerzauster Teddy zuoberst aus dem Rucksack guckte. Er durfte sie, die allein reisten, als einziger begleiten! Und erhielt den besten Ausguck mit frischer Luft. In meinem Abteil saß einmal eine junge Japanerin, offenbar mit ihrem Vater oder Ehemann auf Geschäftsreise. Sie drückte ihren Teddy zärtlich ans Gesicht, während sie ihr Nickerchen hielt. Von zwei gestandenen Frauen um die vierzig weiß ich, daß sich beide sehnlich, aber heimlich einen Teddybären wünschten. Zum Geburtstag bekam jede ihren Teddy, durch teils sehr eigenartige Umstände. Eine der Frauen erzählte mir ganz beglückt, er sei wie ein lebendes Wesen, das auch an ihrem Arbeitsplatz auf der Fensterbank sitze als ihr kleiner Schutzgott. Er strahle Gelassenheit und Vertrauen aus, ihm könne man alles erzählen. Verschämt meinte sie: «Er ist mein erster eigener Teddy!» Ob ihre Eltern je ahnten, wie wichtig ihrer Tochter ein eigener Teddy gewesen wäre?

Ich gestehe es: Mein uralter, zerliebter Teddybär, den schon meine Mutter im Arm hatte, sitzt hier in meinem Arbeitszimmer und hört mit. Er strahlt soviel Zärtlichkeit und Würde aus, daß ich mich niemals von ihm trennen würde – jedenfalls nicht freiwillig. Die Puppen sind schon lange vergessen, aber er überstand mit mir die Bombennächte und die Flucht und viele Umzüge, ja sogar die wilden Spiele meiner Söhne. Hat er auch inzwischen ein neues Fell und vier neue Bärenkollegen an seine Seite bekommen, so bleibt er doch unersetzlich. Dass ich von ihm so menschlich spreche, werden die Teddyliebhaber unter den Lesern sicher gut verstehen, und auch, daß ich ihm eine Seele zuspreche.

Also doch eher etwas für sentimentale Frauen? Meine nächsten Beispiele stammen aus der «Teddyliteratur» und handeln von Männern in waghalsigen Berufen: der eine war Rennfahrer, der andere Bergsteiger.

«So hatte zum Beispiel der britische Rennfahrer Donald Campbell einen Teddy namens Mister Woppit, der jedes Rennen mitfuhr. So war er auch dabei, als Campbell verunglückte. Als der Rennfahrer im Krankenhaus wieder zu sich kam, fragte er sofort nach Mr. Woppit. Die Polizei mußte den Teddy aus dem zertrümmerten Wagen befreien und ihn ins Krankenhaus bringen.

Am 22. Februar 1965 besiegte ein anderer Teddy sogar das Matterhorn. Er hieß Zissi und gehörte den Kindern des Alpenblick-Hotels am Fuße des Berges. Er rettete dem Bergsteiger Bonnati das Leben. In der eisigen Nacht wäre er nämlich vor Verzweiflung fast in eine Schlucht gesprungen. Doch dann drückte er den warmen, weichen Teddybären an sein Gesicht und beichtete ihm sein Leben. So hielt er sich wach und überlebte.»[32]

Beiden Männern stand ein Teddy in angstauslösenden Situationen bei: Dem Rennfahrer gab er als «Beifahrer» Sicherheit, dem Verunglückten spendete er Trost und trug durch seine Gegenwart sicher zur Genesung bei. Für den

Bergsteiger war der Teddy in dieser eisigen, lebensfeindlichen Umgebung ein spürbares, konkretes Gegenüber, vor dem er sein Lebenspanorama ausbreiten konnte. Eigentlich machte er sich so zum Sterben bereit – und überlebte, weil diese Lebensbeichte ihn in der eisigen Nacht am Berg wachhielt.

Teddybären scheinen immer geduldig zuzuhören, bewerten oder bestrafen nicht, verlassen einen nicht und sind nicht böse. So ist ein Teddy namens Archibald in die Lebenserinnerungen eines amerikanischen Schriftstellers eingegangen:

> «Archibald, mein treuer alter Bär, dessen Augen mich froh oder traurig anschauten, dessen große Stirn ich mit meinen Tränen benetzte, dessen Halbmondohren für meine Geheimnisse offen waren, der mich lächeln machte und niemals betrübte.»[33]

An diesen Beispielen zeigt sich, daß der Teddy nicht nur aus Plüsch, sondern auch aus Seelenstoff gemacht ist. Viel wichtiger als seine kleine Plüschgestalt ist die Seelengestalt, die wir in ihm sehen und spüren. An ihm kann sich inneres Erleben entwickeln und ausdrücken, durch die inneren Gespräche mit ihm hilft er uns, auch schwer Formulierbares in Worte zu fassen und dadurch uns selbst besser zu verstehen. Wahrscheinlich sind die Weisheiten, die wir durch den Teddy erfahren, elementar und einfach – ein Seelenführer in der Gestalt einer oder eines Weisen oder eines Engels hat gewiß bedeutungsvollere Botschaften –, aber der Teddy sitzt an der Basis, an den Wurzeln unseres Lebens und Menschseins und versteht etwas von den grundlegenden Bedürfnissen nach Nähe und Wärme, nach Verständnis und Präsenz, nach Zärtlichkeit und Verläßlichkeit.

Diese ursprünglichen Bedürfnisse spielen in der frühen Kindheit eine besonders lebenswichtige Rolle, und viele Erwachsene leiden ein Leben lang darunter, wenn sie keine ausreichende Befriedigung fanden. Oft werden Ersatzbefriedigungen gesucht, oft endet die Sehnsucht nach Erfüllung in einer Sucht.

Vor allem aber dient der Teddy uns Erwachsenen als Seelengestalt eines Du aus jener Zeit, als wir uns noch mit der Natur verwandt wußten. Er gibt damit dem Urvertrauen und dem inneren Kind Nahrung.

Wer beschützt das Kind im Dunkeln?

Erwachsene neigen oft dazu, die kindlichen Verhältnisse zu verniedlichen oder zu verharmlosen.

In einem amerikanischen Frauenkalender fand ich ein Foto mit einem Text zum Thema «Kind und Bär», das mir half, das Verhältnis des Kindes zu seinem Teddybären ernst zu nehmen. Auf dem Foto steht ein Steppke von etwa einem Jahr in einer Art Käfig und schaut vorsichtig zur Seite, wo ein Bär sitzt, größer als er selbst – ein naturgetreues Exemplar aus Plüsch, mit Tatzen und Krallen. Unter dem Foto das Gedicht einer Frau:

> «Ich möchte wieder träumen
> von Wölfen und Bären.
> Ich möchte wieder Berührung haben
> mit meiner Familie ...»[34]

Diese «Tierfamilie» ist viel länger auf Erden als unsere persönliche Familie, hat menschliches Leben immer begleitet und mitgeprägt. – Ob Kinder das noch wissen und sich deshalb zu Tieren so hingezogen fühlen, besonders zu Bären, und seien sie aus Plüsch?

Den Steppke auf dem Foto möchte ich – stellvertretend für andere Kinder, auch solche, die heute schon erwachsen sind – in sein Kinderzimmer begleiten, nachdem er abends zu Bett gebracht wurde. Er hat an diesem Tag vieles erlebt, neue aufregende Erfahrungen gemacht, die er gar nicht so schnell verdauen kann. In verständliche Erwachsenensprache kann er sie noch nicht fassen, aber dafür hat er seine eigene, sehr melodische Brabbelsprache. Zum Einschlafen ist der Steppke, er oder sie, noch viel zu wach, und plötzlich empfindet er schmerzlich sein Alleinsein hier im Dunkeln. Den ganzen Tag sind sie bei einem, und gerade im Dunkeln lassen sie einen im Stich! Was sich in seiner Phantasie bewegt, bewegt sich nun auf einmal im dunkeln Zimmer, er fühlt sich ausgeliefert an etwas Unbekanntes, Verschlingendes, und niemand Vertrautes ist da. Wie schön wäre es, jetzt jemanden bei sich zu haben – zum Anschmiegen – gegen die Angst, von so viel Unbekanntem überwältigt zu werden! Selbst das Schreien macht in dieser Stille Angst... Doch da ist ja jemand – da ist sein Teddy! Er ist hier und hat auf ihn gewartet! Fest drückt er ihn an sich, streichelt sein weiches, warmes Fell, steckt die Nase hinein, riecht den vertrauten Duft und horcht auf die Brummstimme aus dem runden Bauch. Hier ist einer, der ihm ganz allein gehört, dem er alles erzählen kann; und zu zweit ist man viel stärker! Dies Gefühl macht einen gleich wohlig müde, und die Augen fallen zu. Und wenn man mal aufwacht? Dann ist ja jemand da, ganz fest hält man ihn! Mit dem Teddy im Arm (oder dem Bärenfell auf der Brust laut Hildegard) wird das Herz warm, und die Angst verschwindet.

Des Nachts ist der Teddy ein «bärenstarker» Beschützer, besser und sicherer als Vater und Mutter, die oft mit sich beschäftigt sind. Aber am Tage, wenn der Steppke oder das kleine Mädchen wieder ein Stück Welt erobert und sich stark fühlt, dann kehren sich die Rollen manchmal um. Der Teddy weckt im Kind den Beschützerinstinkt. Konrad Lorenz beschrieb, daß Merkmale, wie sie auch der Teddy aufweist, bemutternde Reaktionen auslösen. Der große, runde Kopf, die hohe Stirn und die runden, weichen Gliedmaßen lassen den Bären dem Kindchenschema ähneln. Man möchte ihn liebkosen und beschützen, aber auch erziehen. So kann ein Kind die Erziehungskünste seiner Eltern gleich am Teddy ausprobieren.

Das verschafft ihm ein «bärenstarkes» Gefühl, jetzt den überlegenen Vater oder die besorgte Mutter zu spielen! Und auch seine Wut oder schlechte Laune kann man ganz unbesorgt am Teddy auslassen, er nimmt es nicht krumm und tut einem nicht weh. So spielt der Teddy in der kindlichen Entwicklung zwei wichtige Rollen: Er vertritt zum einen Vater und Mutter in ihrer Abwesenheit, wenn sie dem Kind nicht zur Verfügung stehen, und er bewahrt das positive Elternbild und damit das Vertrauen. Er kann auch eine Ersatzfunktion übernehmen, wenn das Kind sich in seinem Drang nach immer größerer Selbständigkeit und Neugier mehr und mehr von den Eltern löst, indem er ihm Sicherheit vermittelt und sein Vertrauen in sich selbst und in die Welt – nicht mehr nur in Vater und Mutter – bestätigt und stärkt. Zum anderen übernimmt das Kind dem Teddy gegenüber die Rolle der Eltern und kann sich durch die Identifikation mit diesen groß, stark und überlegen fühlen, was ebenfalls sein Selbstvertrauen stärkt.

Dabei ist wichtig, daß der Teddy dem Kind ganz allein gehört und es völlig frei über ihn verfügen darf. Er ist ja oft sein erstes Eigentum. Der Psychologe D. W. Winnicott mißt diesem ersten Besitz – der natürlich nicht immer ein Teddy ist: auch Kissenzipfel und Stofflappen tun ihren Dienst! – eine große Bedeutung bei und nennt ihn «Übergangsobjekt».[35]

Bei all dem bleibt der Teddy auch ein Stellvertreter des Bären, des Tieres mit dem weichen, sinnlichen Fell, mit seiner Stärke und Langmut, der einen immer an die Tierfamilie erinnert und damit an die «Mutter Natur», die alles Lebendige hervorbringt.

Die zwei Geburten des Teddybären

Als zu Beginn dieses Jahrhunderts der Teddy geboren wurde, stand dafür der lebendige Bär Pate. Die Geburt geschah gleich zweimal, einmal diesseits und einmal jenseits des Ozeans, was beweist, daß die Zeit für den Teddy reif war.

Beidemal handelt es sich um eine Mischung aus Historie und Legende, wie das der symbolträchtigen Gestalt des Teddy entspricht. Die amerikanische Version hat den Vorteil genutzt, daß in ihr eine berühmte Persönlichkeit mitspielt, und überhaupt haben die Amerikaner «ihren» Teddy wirksamer in den öffentlichen Blick gerückt und ihn in den Medien mehr Karriere machen lassen als die Deutschen. Beide Geschichten spielen im Jahre 1903 – das ist keine Legende. Die deutsche Version beginnt in Giengen (Württemberg) im Haus von Margarete Steiff. Sie war an Kinderlähmung erkrankt und daher an den Rollstuhl gefesselt. Schon als junges Mädchen nutzte sie ihre Zeit, indem sie hübsche kleine Stofftiere bastelte, die als Nadelkissen dienten und sogar auf der Leipziger Messe einen bescheidenen Erfolg verbuchen konnten. Später regte sie ihr Neffe an, es einmal mit Bären zu versuchen – er war Hobbymaler und verbrachte viele Stunden damit, die Bären im Stuttgarter Zoo zu malen. So erschien mit den anderen Stofftieren nun auch der Bär auf der Leipziger Messe von 1903 – leider war er zunächst nur wenig gefragt. Seine Stunde schlug erst am letzten Messetag, als ein amerikanischer Besucher den Bären am Stand der Steiffs entdeckte, Gefallen an ihm fand und gleich 3000 davon bestellte.

Allein im Jahre 1903 stellte die Firma Steiff bereits zwölftausend Bären her, und im Lauf von vier Jahren erreichte die Produktion fast die Millionengrenze. Margarete Steiff führte nun den Bärenkopf als Markenzeichen ein. Dieser weist als Knopf im Ohr seit über achzig Jahren die echten Steifftiere aus.[36]

Bis jetzt habe ich den Steiffschen Stoffbären noch nicht als Teddy bezeichnet, denn dieser Name stammt aus der amerikanischen Geburtsgeschichte und ist die Kurz- oder Koseform von Theodore. Der Namensgeber ist Theodore Roosevelt, der damalige Präsident der Vereinigten Staaten, von seinen Anhängern kurz «Ted» oder «Teddy» genannt. Er kam auf den Bären, weil er gern auf die Jagd ging. Als er Ende 1902 in den Südstaaten weilte, um dort Grenzstreitigkeiten zu schlichten, veranstaltete man ihm zu Ehren eine Bärenjagd. Er ging dabei leer aus, und um ihm einen Gefallen zu tun, nahm man die einzige Beute, einen von der Verfolgung erschöpften jungen Schwarzbären, den man an einen Baum band, damit der Präsident wenigstens einmal sein Gewehr ansetzen konnte. Der aber lehnte fairerweise ab: Alles habe seine Grenzen! Wenn er diesen kleinen, putzigen Kerl erschieße, habe er nicht mehr den Mut, seinen eigenen Jungs in die Augen zu sehen.

Leider ist nicht überliefert, was daraufhin mit dem jungen Bären geschah. Die Geschichte selbst aber machte Geschichte: Ein paar Tage später erschien in der Washington Post eine Karikatur, die die Szene festhielt, wie Roosevelt sich entschieden weigert, den kleinen verschreckten Bären zu töten. In der Karikatur hat das Bärchen bereits typische Teddy-Merkmale! Der Karikaturist wollte mit seiner Zeichnung nicht nur diesen Vorfall, sondern auch die Rolle des Präsidenten in dem besagten Grenzkonflikt unter seine spitze Feder nehmen. Roosevelt war nämlich ein leidenschaftlicher Verfechter der Rechte der Schwarzen in den Südstaaten, die dort wie der junge Schwarzbär von den Weißen «an der Leine gehalten» wurden. In den Vereinigten Staaten verstand man offenbar die Vieldeutigkeit dieser Karikatur, denn sie war bald im ganzen Land verbreitet.

Auch als der politische Hintergrund schon vergessen war, machte der junge Bär als «Teddy's Bear» weiter Karriere, denn die Szene blieb präsent. Zum Beispiel im Kopf eines kleinen Händlers in Brooklyn, eines russischen Emigranten. Vielleicht erinnerte sie ihn an die Rolle des Bären in der russischen Folklore. Im Jahr 1903 kam er auf die Idee, sein Schaufenster mit der bewußten Karikatur und mit zwei handgemachten Stoffbären zu schmücken. Diese kamen gut an, und seine Frau hatte jetzt alle Hände voll zu tun, um die Nachfrage zu befriedigen. Der clevere Geschäftsmann hatte einen weiteren werbewirksamen Einfall: Er beantragte beim Präsidenten persönlich, dem Bären dessen Kosenamen «Teddy» geben zu dürfen. Der Präsident willigte ein, und das Unternehmen lief: Aus dem kleinen Handwerksbetrieb des russischen Emigranten wurde eine der bekanntesten Spielzeugfabriken der Vereinigten Staaten, und der Teddy wurde eine nationale Berühmtheit. Bald schossen zahllose Pseudoteddys aus dem amerikanischen Boden, und wer weiß, welche Rolle die von der Firma Steiff hergestellten deutschen Teddys in der amerikanischen Erfolgsstory gespielt haben. Die offizielle «Vaterschaft» wurde dem russischen Emigranten nie abgesprochen.[37] Ich neige allerdings zur «synchronistischen» Fassung: Die Idee war reif und wurde an zwei Orten gleichzeitig ans Licht der Welt gebracht. So hat der Teddy eine deutsche Mutter und einen russisch-amerikanischen Vater!

Noch einmal zurück zur Karikatur von Clifford Berryman in der Washington Post. Der kleine Bär hat hier bereits die verniedlichten Züge angenommen, die mit zur Karriere des Teddys beigetragen haben, besonders in den Vereinigten Staaten: Mit seinen übergroßen Ohren und seinem vermenschlichten Gesicht wirkt er auf mich wie eine Mischung von Bärenjunge und Mickymaus. Solch ein Kleinkind in Bärengestalt, noch dazu an die Leine gebunden, mußte den Beschützerinstinkt der Zeitungsleser ansprechen. Überdies konnten sie sich dadurch mit dem Präsidenten Roosevelt persönlich identifizieren: Einen Teddy zu beschützen ist ein Akt menschlicher Größe. Es fehlte nur noch, daß man an diese niedlichen Empfänger präsidialer Großherzigkeit herankam – und da halfen der Händler in Brooklyn und Frau Steiff in Deutschland mit ihrer Bärenproduktion.

Leider sind aus den individuellen bärigen Urgeschöpfen der Anfangsjahre, die man auf Postkarten, in Teddybüchern und -kalendern bewundern kann, allzu glatte, süßliche bis kitschige Bärchen geworden. Charakterteddys muß man inzwischen suchen. Dazu trug sicher der amerikanische Trickfilm bei, der aus dem schlichten Pelztier einen Star machte: Diese Teddystars heißen Winnie the Pooh, Smokey Bear, Baloo und Yogi Bear. Deutsche Teddys, auch solche in Kinderbüchern, sind zum Glück meist ihrem Vorbild noch näher und zeigen Bärencharakter. Doch das negative amerikanische Vorbild wirkte ansteckend auf Europa: «Auch der Berliner Bär – ursprünglich alles andere als ein Teddy – macht mittlerweile diesen Trend zum Allzukindlichen in Design und Graphik mit. Über die Jahre wurde der kämpferische Ursus immer glatter und ist nun, in der Reklame für Olympia 2000, zum Stupsnäschen mutiert.»[38]

Wer gern die Teddys der «Gründerjahre» bewundern möchte, kann dies inzwischen in einem Teddymuseum tun – am Spreeufer in Berlin. Dort sammelt Florentine C. Wagner nicht nur ausrangierte Teddybären, sondern auch ihre individuellen Lebensgeschichten – die zugleich auch Menschengeschichten sind. Und ein Stück Zeitgeschichte und Geschichte der deutschen Alltagskultur. In dieser kann man den Teddy ruhig ein wenig für den Nabel der Welt halten!

Ein Bär wie du und ich – Schattenprojektionen auf den Bären

«In diesen Kreisen (der Wildbiologen und Bärenexperten) gilt der Bär als das am meisten mißverstandene Tier auf Erden.»
Helmut P. Heft, Bärenexperte

Dem Bären haben die Menschen im Lauf des langen Zusammenlebens zahlreiche und widersprüchliche Rollen zugewiesen, je nach den Gefühlen und Phantasien, die er in ihnen auslöste; Gefühle und Phantasien, die aus dem eigenen Inneren erwuchsen. Das innere Bild vom Bären bewegt sich zwischen den Extremen Gott und Teufel, Muttergöttin und Bestie. Beide Einstellungen sind hoch emotional besetzt: Der Bär läßt die Menschen anscheinend nicht kalt.

Angst vor der Größe, Kraft, Eigenwilligkeit und Intelligenz des Tieres schlägt leicht in Haß und Rachephantasien um. So heizt die (seltene) Nachricht, ein Bär habe in einem der amerikanischen Nationalparks einen Menschen angegriffen oder gar tödlich verletzt, die Gemüter ungeheuer an, und es hagelt Leserbriefe mit Vergeltungswünschen. Ein Flugzeugunglück mit vielen Toten – ein leider viel häufigerer Unfall – löst dagegen bei den Lesern weit weniger Erregung aus. H. P. Heft hat 120 solcher Presseberichte über Bärenunfälle untersucht, die er sogar teilweise miterlebt hat. 116 von diesen Berichten waren falsch! Die meisten waren schlecht oder überhaupt nicht recherchiert und schoben irgendeinem «Killer-Bären» die Schuld an den Unfällen zu. Es genügte manchmal schon die Mitteilung, daß in der Nähe einer Unfallstelle Bären seien, um dem Zeitungsreporter Stoff für ein bißchen Sensation zu geben.[39]

«Wie groß oder wie gering die Bedrohung des Menschen durch Grizzlies (die helleren amerikanischen Braunbären) wirklich ist, läßt sich an einem Zahlenvergleich ablesen, der auch den furchtsamsten Bärenkritiker beschwichtigen müßte: In den vier Jahren von 1970 bis 1973 gab es in neun untersuchten Parks mit Grizzlybeständen rund 23 Millionen Besucher. Fünf von ihnen wurden von Grizzlybären angefallen... Vergleicht man diese Zahlen mit der Verkehrsstatistik, so wird man bemerken, daß es bei weitem riskanter ist, im Auto durch die Parks zu fahren, als zu Fuß zwischen ihren Bären zu wandeln.»[40]

Die genannten irrationalen Ängste und Vorurteile gegenüber Bären bestehen gewiß nicht nur jenseits des Ozeans. Falsche Meldungen und Ängste können aber schlimme Folgen haben. Im Falle des Bären gingen und gehen Begegnungen für diesen oft tödlich aus, weil Menschen, die in Bärengebieten leben, oft von ihren Schußwaffen regen Gebrauch machen – ein sehr trauriges Kapitel in der gemeinsamen Geschichte von Mensch und Bär. Heft stellte einmal einen Rancher in Kanada zur Rede, der gerade eine Bärenmutter und ihre zwei Jungen auf grausamste Art zu Tode gebracht hatte. Ob die Bärin eins seiner Tiere gerissen oder ihn bedroht habe? Die Antwort lautete: «So lange warten wir nicht!» Also: Erst schießen, dann denken![41]

Es ist aufschlußreich für das wirkliche Wesen der Bären, daß sie von den Menschengruppen geachtet, geliebt und verehrt wurden und noch werden, die ihre Lebensgewohnheiten sehr genau kennen. Der Bärenkult der Nordvölker beruhte auf einer langen Nachbarschaft und genauer Kenntnis des Bären: Die Indianer kennen ihren «behaarten Bruder Bär» ebenso gut wie die Bärenexperten, die in diesem Buch zu Wort kommen. Wie könnten sie sich sonst so leidenschaftlich für seinen Schutz einsetzen?

Der Bär ist besonders geeignet für Schattenprojektionen. In folgenden Rollen fand ich ihn häufig wieder, deshalb möchte ich diese eingehender unter die Lupe nehmen:

- Der Bär ist ein «bärenstarker», unbesiegbarer Kämpfer.
- Er ist ein enger, verwilderter Verwandter des Menschen, ein grober «Bärenhäuter» mit zuviel Kraft.
- Er ist ein unberechenbares Raubtier, ein menschenfressendes Ungeheuer.
- Als Tanzbär auf den Märkten ist er ein tapsiger Gaukler; manchmal gleicht er einem großen faulen und naschsüchtigen Trottel. Oder einem gutmütigen Gesellen.

Der bärenstarke Kämpfer

Die «bärenstarke» Rolle spielt unser Petz bis heute: Das verschafft ihm einen begehrten Platz neben Löwe und Adler auf den Wappen von Städten, Staaten und Kantonen. So ziert er unter anderem die Wappen der Städte Berlin, Bern, St. Gallen und des Schweizer Kantons Appenzell. Im Jahr 1922 erschien der goldfarbene Grizzly auf der Staatsflagge von Kalifornien, gerade in dem Jahr, in dem der letzte «Golden Bear» Kaliforniens auf offizielles Geheiß erschossen wurde. Eine Ironie? Oder ist es Sentimentalität – oder späte Reue? Auf den Wappen von Berlin und Appenzell erscheint der Bär als respekteinflößender Kämpfer: Er steht drohend aufrecht und zeigt lange rote Krallen und eine bleckende

Zunge. Der Berner Bär, der ebenfalls mit Krallen und Zunge beeindruckt, bewegt sich auf allen Vieren ein schräges Band hinauf, als sei es ein Berg. Sich mit solch einem «Kraft-Tier» zu identifizieren erhöht das eigene Selbstbewußtsein und schüchtert eventuelle Gegner ein. Wenn sich staatliche Hoheit mit dem Bären schmückt, so spielt sie auf dessen Bedeutung als König des Waldes an. In unsern Breiten ist eben nicht der Löwe König der Tiere; das größte, stärkste und intelligenteste wilde Tier der Wälder ist der Bär. Ihn zu bezwingen und den Besiegten zur eigenen Ehre vorzuzeigen galt deshalb als Recht der Fürsten oder des Adels. Dies wurde mir eindringlich bewußt, als ich Schloß Heiligenberg am Bodensee, den Stammsitz der Fürstenberger, besichtigte. Im ehemaligen Empfangsraum erhob sich gegenüber dem Eingang ein riesiger ausgestopfter Bär mit offenem Maul und erhobenen Pranken. Er verdunkelte fast das Fenster und wirkte lebensecht. Eine klare averbale Botschaft an die Gäste des Hauses!

Sprichwörtlich ist die Kampfwut, die übermenschliche Kraft und die Kühnheit der germanischen Berserker, der «Bärenhäuter». Wenn die nackten, nur in Bärenfelle gehüllten Kämpfer vor ihren Gegnern erschienen, schnaubend vor Kampfeslust und -mut, ergriffen die Feinde entsetzt die Flucht – so berichten die «zivilisierten» Römer, die mehr von geordneter Kriegführung hielten. Die vom Bärengeist besessenen Berserker – ich werde später auf sie zurückkommen – haben vermutlich auch kräftig das Vorurteil von der vernichtenden Kampfwut des Bären geschürt!

Unser verwilderter Verwandter

Diese Rolle spielt auf anthropomorphe Züge des Bären an: seinen aufrechten Gang, wenn er Witterung aufnimmt, seine Eigenart, als Sohlengänger die ganze Fußsohle abzurollen wie der Mensch; die der Menschenhand ähnelnde Fußform sowie die menschenähnliche Gestalt des gehäuteten Bären. Dies sind Merkmale, die ihn als einen nahen, etwas verwilderten und grobschlächtigen Verwandten des Menschen erscheinen lassen.

Daß er im dunkeln, abgelegenen Terrain des Waldes haust und sich nur selten sehen läßt, hat ihn in die Nähe des «Wilden Mannes», des Waldmenschen gerückt. Der «Wilde-Männle-Tanz», bis heute in Oberstdorf (Bayern) als ältester deutscher Kulttanz aufgeführt, erinnert etwas wehmütig an die Zeiten, als das Wilde noch an den Grenzen der Zivilisation zu finden war. – Übrigens ist der Bär im Volksglauben oft an die Stelle des wilden Mannes getreten!

Vielleicht rührt das große Interesse am wilden Leben der Bären, das gerade in hochtechnisierten Staaten wie den USA, Kanada, Japan und den deutschsprachigen Ländern zu finden ist, an diese Sehnsucht nach dem Ursprünglichen in uns? Denn wo darf das Wilde in uns heute leben und sich ausdrücken? Und wie können wir uns an die ursprünglichen kreativen Kräfte im dunklen Wald der Seele, dem Unbewußten, anschließen?

Vom unbekannten «Wilden Mann», der sich nicht fangen läßt, und von der Kämpferrolle des Bären ist es nur ein Schritt zu einer dritten, verhängnisvollen Rolle, die der Bär in der menschlichen Phantasie spielt: derjenigen als blutrünstige Bestie, die als Einzelgänger heimtückisch Weidetiere und Menschen anfällt und auffrißt.

Die heimtückische Bestie

Im «Wilden Mann» oder mutigen Kämpfer waren männliche Eigenschaften des Bären angesprochen, die dritte Rolle als heimtückische, menschenfressende Bestie betrifft auch den weiblichen Bären – besonders die wachsame Bärenmutter, die, wenn sie Junge führt, schnell zum Angriff übergeht. Ihr Verhalten erinnert uns an unsere eigenen Aggressionen und Triebe, die aber in unserer zivilisierten Welt keinen Raum haben. Das instinktive, sinnvolle Verhalten des Bären erscheint durch seine überlegene Körpergröße übermäßig vergrößert und angsteinflössend. Schon der Anblick seines geöffneten Rachens oder der krallenbewehrten Pranken kann im Menschen Angstreaktionen, ja Horrorphantasien auslösen! Die Phantasie, vom Bären angefallen und gefressen zu werden, ist schnell geweckt, und gegen solche tiefsitzenden Ängste hilft offensichtlich auch eine gründliche, wissenschaftlich gesicherte Aufklärung über das Bärenverhalten nicht viel. Zuerst müßte die Angst therapiert werden, ehe die Argumente überzeugen. Erschwerend wirkt, daß man sich, wenn man Angst hat, immer im Recht glaubt und für Informationen und richtigstellende Argumente schwer zugänglich ist.

Ein Beispiel aus Deutschland, dieser Tage in der Zeitung gelesen: Zwei Reisende begegneten in Kanada auf dem Terrain einer ehemaligen Goldmine einem Grizzly, der eindeutig auf Nahrungssuche und an Menschen wenig interessiert war. Ihr Bericht hatte die fett gedruckte Überschrift: «Zum Glück war der Grizzly-Bär nicht besonders hungrig – Erlebnis mit einem ungebetenen Besucher...» (Lübecker Nachrichten vom 18. 7. 1992). Die Phantasie des Lesers wird angeregt: «Und was wäre passiert, wenn er hungrig gewesen wäre? Dann hätte er die Menschen aufgefressen!» Einen Menschenfresser aber muß man unschädlich machen, bevor *er* dazu kommt...

Solche Angstphantasien und Rachegelüste nutzten z.B. die Römer, um die Masse der Stadtmenschen in den Bann zu schlagen und unter dem Motto «Brot und Spiele» bei der politischen Stange zu halten. Sie ließen Gladiatoren gegen Bären antreten oder hetzten Bären und andere wilde Tiere aufeinander. Die Mosaikfußböden, die von der bewundernswerten Kultur der Römer zeugen sollen, sind oft vielmehr ein Denkmal ihrer Blutrünstigkeit. Ein Beispiel von vielen ist der Bad Kreuznacher Mosaikboden. Hier wurde der Verlauf von Kampftagen im Amphitheater dargestellt: In vier Szenen fallen Tiere, z. B. Bär und Hirsch, übereinander her, vier Szenen schildern Kämpfe zwischen Gladiatoren und wilden Tieren – auch Bären –, viermal kämpfen Gladiatoren miteinander, und die Mitte «schmückt» ein wilder Massenkampf der Tiere.[42] Solche Amphitheater gab es in jeder größeren römischen Ansiedlung, und für deren Spektakel wurden unendlich viele Bären gefangen. Den traurigen Rekord hielt die Stadt Rom, die bald die einheimischen Bären ausgerottet hatte. Die römischen Kaiser bedienten sich dann in ihren Provinzen und in Nordafrika. Auf diese Weise wurde wahrscheinlich auch der Atlasbär ausgerottet.

Die Gewohnheit der Menschen, Bären zu benutzen, um ihre Angst- und Rachephantasien auszuagieren oder um den Massen Furcht einzujagen, setzte sich im Mittelalter fort. Der «Sport» der Bärenhatz war damals in ganz Europa beliebt. «In einem typischen ‹Kampf› wurde der Bär geschlagen, geblendet und in der Mitte des Bärenzwingers an einen Pfahl gekettet. Anschließend wurde er von Hunden und Männern mit Peitschen attackiert, seine Abwehrversuche wurden vom johlenden Geschrei und den lauten Pfiffen der Zuschauer begleitet.»[43]

Als moralische Rechtfertigung diente die Lehre der Kirchenväter, daß der Bär eine Verkörperung des Teufels sei. In einem Thomas von Aquin zugeschriebenen Traktat über Alchimie galt er als der gefährliche, verschlingende Aspekt der «prima materia», als ein chthonischer Dämon, der Feuer spie wie der Drache oder der Löwe.[44] Außerdem sah man in ihm ein Symbol der Wollust und des Zornes. Diese eigenen, auf den Bären projizierten Laster konnte man an ihm bekämpfen und tat damit zudem noch ein gutes Werk.

Ein letztes trauriges Beispiel der feindseligen Projektionen auf den Bären, von dem ich berichten möchte, spielt im «Wilden Westen» Nordamerikas. Im 19. Jahrhundert waren Kämpfe zwischen Grizzlybären und Kampfstieren bei den Einwohnern Kaliforniens sehr beliebt. Da stand eine wilde Urkraft gegen die andere. Die Tiere wurden von den Zuschauern mit nägelgespickten Stöcken gereizt und aufeinander gehetzt. Der Kampf war erst beendet, wenn eines der beiden tot am Boden lag.

> «Diese blutigen Schauspiele erfüllten die Pioniere des Westens mit tiefer Befriedigung, bestätigten sie doch das Vorhaben, die Wildnis zu zähmen, als fromme, notwendige Aufgabe. Wer will sein Paradies schon mit solchen grausigen Bestien teilen?»[45]

Ähnlich wurde von diesen Pionieren auch mit den «wilden» Ureinwohnern verfahren – dabei hatten gerade diese eine sehr lange Erfahrung damit, in guter Nachbarschaft mit dem Grizzly zu leben, von ihnen hätten die Neulinge lernen können. Das negative Vorurteil gegenüber dem Bären hat sich unter den «Nachfolgern» der Indianer auf dem Land am zähesten gehalten. Gerade diejenigen, für die ein gutes Verhältnis wichtig wäre, leben mit dem Grizzly auf Kriegsfuß: die Farmer und Rancher, die Forstleute, Fischer, Cowboys, Trapper, Jagdführer und Jäger. «Aus vielen Gesprächen mit den Menschen draußen auf dem Lande habe ich gelernt, daß sie den überbrachten Vorurteilen und Legenden noch immer mehr vertrauen als den Tabellen der Wissenschaftler.»[46] So berichtet Heft von grausigen Geschichten über ein nahezu teuflisches Verhalten des Grizzly, die in der Pionierzeit weitererzählt und leider geglaubt wurden.

Im 19. und 20. Jahrhundert erfolgte eine unvorstellbare Vernichtungskampagne gegen den Grizzly. Der Staat bezahlte Bärenjäger und Trapper und setzte ein Kopfgeld für jeden getöteten Bären aus. Die teuflischen Tötungsmethoden, die man den Grizzlies unterschob, überbot man selbst bei weitem und setzte außer Lassos, Pfeilen und Messern Schlagfallen und Gift gegen sie ein und erschoß Zehntausende von ihnen. Ende des 19. Jahrhunderts hatten sich die meisten amerikanischen Staaten als «bärenfrei» erklärt. Der letzte freilebende «Golden Bear» von Kalifornien wurde, wie schon erwähnt, 1922 erschossen.

«Mit dem 19. Jahrhundert ging die Tragödie der amerikanischen Grizzlybären zu Ende. Von etwa 100000 Bären aus der Zeit vor Ankunft der angelsächsischen Eroberer waren ein Menschenalter später nur noch einige Einzelgänger am Leben, die sich vor Fallen, Gift und Kugeln in schwer zugänglichen Bergen verborgen hielten. Die Menschen ließen ihnen auch dort keinen Frieden.

Der amerikanische Naturforscher und frühe Umweltschützer Aldo Leopold hält mit einer historischen Beschreibung die Erinnerung an einen dieser alten, einsam lebenden Grizzlybären wach, der sich in die Berge von Arizona zurückgezogen hatte. Er lebte dort oben von Wurzeln, Beeren, Tannenzapfen und Murmeltieren, und jedesmal, wenn er sich im Frühling auf der vergeblichen Suche nach einer Gefährtin aus seiner Einsiedelei ins Tal hinab wagte, riß er ein Kalb oder ein Schaf, doch – wie es heißt – nur ein einziges Stück in jedem Jahr, als holte er sich einen Tribut für seine Vertreibung. Niemand sah ihn dabei. Man fand nur immer die Spuren des schlauen Bären. Auf amerikanischen Parlamentsbeschluß, man denke nur, wurden mehrmals Trapper und Jäger ausgesandt, die ihn töten sollten, ihn aber niemals fanden...

Einmal im Frühling erschien wieder ein Trapper, der in Regierungsdiensten stand, und forschte unter den Einheimischen, ob es schädliche Wildtiere in dieser Gegend gäbe. Sie verrieten den alten Grizzly, und der Trapper blieb einen Monat lang im Gebirge und legte vergeblich wie seine Vorgänger Schlingen, Gift und stählerne Fallen aus. Schließlich versteckte er eine Selbstschußanlage auf dem Pfad, den der einsame Wanderer am liebsten ging. Im Juni kehrte der Trapper mit dem Bärenfell auf seinem Reittier ins Tal zurück: Der letzte Grizzlybär von Arizona war ausgelöscht.»[47]

Die Beispiele zeigen, wie nahe beieinander die Angst und der Haß liegen, wie schnell der Griff zur Waffe folgt und welche Anteile von sich selbst die Menschen im Bären finden, weil sie diese auf ihn projizieren. C. G. Jung nennt alles das, «was das Subjekt nicht anerkennt und was sich ihm doch immer wieder – direkt oder indirekt – aufdrängt», den Schatten, «also z. B. minderwertige Charakterzüge und sonstige unvereinbare Tendenzen.»[48] Aspekte dieses minderwertigen, unbewußten Teils der Persönlichkeit, wie Mordlust, Blutgier, Wollust und Wildheit, haben die Menschen als einen mächtigen kollektiven Schatten jahrhundertelang auf den Bären projiziert.

Doch haben sich glücklicherweise immer auch Menschen mit ihm identifiziert und gute Qualitäten an ihm durch Projektion wiedererkannt. Für diese war und ist er eine Quelle der Kreativität. Jung fährt mit seiner Beschreibung des Schattens fort, indem er dessen positiven Aspekt aufzeigt:

> Man könne bei «genauerer Untersuchung entdecken, daß der unbewußte Mensch, eben der Schatten, nicht nur aus moralisch verwerflichen Tendenzen besteht, sondern auch eine Reihe guter Qualitäten aufweist, nämlich normale Instinkte, zweckmäßige Reaktionen, wirklichkeitsgetreue Wahrnehmungen, schöpferische Impulse u. a. m.»[49]

In der vierten bedeutenden Rolle, die Meister Petz nach meiner Beobachtung in der menschlichen Phantasie spielt, zeigen sich solche Qualitäten.

Der tapsige Gaukler

Bis heute inspiriert der Bär die Künstler: Karikaturisten, Bilderbuchgestalter und Comic-Zeichner sind ihm auf den

Fersen, aber ebenso die Fotografen, denen er zu originellen Fotoserien verhilft. Er spielt in Fabeln und Romanen mit; Heinrich Heine zum Beispiel hat ihm mit dem «Atta Troll» ein ganzes Tierepos gewidmet, und Rudyard Kipling setzte ihm in seinem «Dschungelbuch» ein Denkmal.

Vor allem gewinnt der Bär die Künstler durch seine Verhaltensweisen und «Posen», die denen des Menschen so ähnlich sind und uns an Allzumenschliches erinnern. Wir schmunzeln dann über den Bären als liebenswerten Trottel, über seine Tapsigkeit, seine ungewollten Grobheiten, seine Gutmütigkeit – und darüber, daß man den Arglosen mit List und Menschenwitz übertölpeln kann. Vielleicht spüren wir ein kleines Triumphgefühl, über einen wendigen Verstand zu verfügen, der den Sieg auch über den Starken und Großen davonträgt.

Eine Postkarte zum Beispiel zeigt zwei Szenen: In der ersten steht ein großer, tapsiger Petz vor einem Baum mit Vogelhäuschen, brummt freundlich «guten Morgen» und klopft dabei mit der Tatze gegen die Tür des Vogelhauses. In der zweiten liegt das Häuschen zerbrochen am Boden, und ein keifender Vogel flattert dem verdutzten Bären wütend vor der Nase herum.

Und da ist der Bär *Mischka* aus einem bebilderten Kinderbuch. Sein Name, die russische Koseform von «Michael», erinnert an den starken, kämpferischen Erzengel. Mischka ist ein gutmütiger Petz, der eigentlich niemandem schaden will – aber er braucht eben was Gutes zu essen und seine Gemütlichkeit. Die kleinen Heldinnen des Märchens, Mascha und Dascha, werden von ihm kurzerhand entführt, als er sie im Wald beim Pilzesammeln findet, denn er braucht ein weibliches Wesen, das sich auf Haushaltsführung, Backen, Kochen und Weben versteht. Und so bringt er die kleinen Mädchen nacheinander in sein bestens ausgestattetes Schloß. Dort geht es ihnen gut, wenn sie tüchtig die aufgetragene Arbeit versehen – wenn nicht, gibt's brummige Schelte und Kellerarrest. Mascha, die es dem alten Patriarchen recht macht, darf den Bären um alles bitten, was sie haben will. Seine gutmütige Arglosigkeit nutzen die schlauen Mädchen zur Flucht: Mascha wünscht sich, daß der Bär der armen Großmutter, die um ihre Enkelinnen trauert, einen Tragekorb voll Kuchen bringt. Aber er soll ihn schnurstracks zur Großmutter bringen, ohne einen Kuchen anzurühren. Sie, Mascha, wolle vom Dach aus den Bären beobachten. So geht Mischka tagsüber auf die Jagd, während Mascha Kuchen backt. Dann verstecken sich die schlauen Mädchen im Korb und decken sich mit den Kuchen zu. Als Mischka nach Hause kommt, lädt er sich den Korb auf und trabt los. Zweimal plagt ihn der Appetit auf die guten Kuchen, und er will sich setzen und schmausen – aber jedesmal tönt ein zartes Stimmchen: «Ich sitze gar hoch und sehe gar weit! Daß du mir keinen Kuchen ißt!» Zwar wundert er sich, daß Mascha so weit sehen kann, ist aber doch brav und trottet mit seiner Last weiter bis zur Großmutter. Dann aber macht er sich schnell davon, weil ihn der Hunger plagt. Hinter ihm tanzen die Mädchen und die Großmutter vor Freude![50]

Hier siegte menschlicher Mut und Verstand über die Bärenkräfte und -instinkte, ein ermutigendes Beispiel vielleicht für kleine Mädchen, die ihrem autoritären Vater eins auswischen wollen? Nur vom Wutanfall des Bären, wenn er zu Hause den Betrug entdeckt, erfahren wir nichts.

In Kiplings «Dschungelbuch» ist es der Bär *Balu*, der das Menschenjunge Mogli unterrichtet, denn nur der große, würdige alte Bär kennt das Gesetz des Dschungels genau. Mogli ist schließlich fremd im Dschungel und muß eine Menge wissen und beachten. Was lehrte Balu seinen gelehrigen und aufmüpfigen Schüler?

«Darum lehrte ihn der weise Balu die Wasser- und Waldgesetze; er zeigte ihm, wie er dürre Äste von gesundem Holz unterscheiden konnte, wie er mit den wilden Bienen höflich sprechen müsse, wenn er ihrem Schwarm unversehens fünfzig Fuß über der Erde begegne, wie er sich zu entschuldigen habe, wenn er Mang, die Fledermaus, beim Mittagsschlaf störe, und wie er die Wasserschlangen benachrichtigen müsse, bevor er in die Sümpfe und Teiche hineinplatschte. Die Dschungelvölker haben es nicht gerne, daß man sie aus ihrer Ruhe aufschreckt, und stürzen sich leicht blindlings auf den Störenfried. Auch lernte Mogli den Jagdruf des Fremdlings, den man, falls man in fremden Gründen jagen will, so lange wiederholen muß, bis Antwort erschallt. Der Ruf lautet: ‹Laßt mich hier jagen, denn leer ist mein Magen.› Und die Antwort ist: ‹Jag, um den Hunger zu stillen – nicht um des Vergnügens willen!› »[51]

Es ist der weise Rat an die Adresse des Menschen, allen Lebewesen mit Respekt zu begegnen, sich unter ihnen wie unter seinesgleichen zu bewegen. Als Bewohner der gleichen Erde gilt für sie alle das Motto, das Mogli in der «Bärensprache» lernt: «Du und ich und ich und du, wir sind vom gleichen Blut.» Doch wie den menschlichen Lehrern, so rutscht auch Balu mal die Tatze aus, wenn Mogli zu aufsässig ist – das soll zwar «ein wenig und ganz sanft» sein, fällt aber immer ein paar Nummern zu groß aus, wie man an Moglis blauen und braunen Flecken im Gesicht sehen kann. Und ein bißchen eitel und empfindlich ist der bärige Lehrer auch und lobt sich gerne selber. – Das soll bei Lehrern vorkommen!

Balu ist ein alter eigenwilliger Patriarch wie Mischka, doch besitzt er mehr Würde als dieser. In seiner Gestalt ist eindrücklich das Wesen alter männlicher Bären, dieser etwas brummigen, welterfahrenen und klugen Einzelgänger, wiedergegeben, wie es auch von Bärenkennern oft beschrieben wird. Der letzte Grizzly von Arizona, von dem oben die Rede war, könnte Balu geähnelt haben.

Heinrich Heine gestaltete im Bären *Atta Troll* dem deutschen Charakter eine Art Denkmal, indem er dem Petz ironisch-satirisch auf den Pelz rückte – wobei man dabei doch das Gefühl für die Bärennatur spürt. Atta Troll ist ein Tanzbär, der mit seiner Bärin, der «Schwarzen Mumma», in einem baskischen Kurort vorgeführt wird. Er reißt sich los und sucht seine Freiheit «auf den freien Bergeshöhen» und in der Höhle bei seinen Kindern. Schließlich fällt er auf eine List des Bärenführers herein, der ihn sucht: Ein altes Weib imitiert die Stimme der Mumma, und Atta Troll läuft, von seiner Sehnsucht verlockt, dem Mörder vor die Flinte.

Heine läßt seinen Helden all die Eigenheiten seiner deutschen Zeitgenossen verkörpern, die er aufs Korn nehmen will: die edle Gesinnung seiner Dichterkollegen – leider in kunstlosen Versen vorgetragen; das deutsche Spieß- und Kleinbürgertum sowie die radikalen Demokraten. Also ist Atta Troll ein Sammelsurium von Schattenprojektionen: Er ist gutgläubig, treu, fromm, patriotisch, spießig, prahlerisch, in der Politik fanatisch und verführbar. Auf seinem Grabstein soll in gestelzten Versen geschrieben stehen:

> «Atta Troll, Tendenzbär; sittlich
> Religiös; als Gatte brünstig;
> Durch Verführtsein von dem Zeitgeist,
> Waldursprünglich Sanskülotte;
> Sehr schlecht tanzend, doch Gesinnung
> Tragend in der zottgen Hochbrust;
> Manchmal auch gestunken habend;
> Kein Talent, doch ein Charakter!»[52]

Aber Atta Troll ist auch ein Charakterbär. Er kennt die überhebliche Art der Menschen, die ihre Projektionen auf ihn häufen, und heult seine Anklage des Nachts vom Felsen ins Tal hinunter, in den feinen Kurort des «höhern Viehstands» – wie er die Menschen nennt. Die Satire aus der

Bärenschnauze in der Satire aus Dichtermund kennt alle die Rollen, die wir in diesem Kapitel unter die Lupe genommen haben:

«Ja, ich bin ein Bär, ich bin es,
Bin es, den Ihr Zottelbär,
Brummbär, Isegrimm und Petz
Und Gott weiß wie sonst noch nennet.

Ja, ich bin ein Bär, ich bin es,
Bin die ungeschlachte Bestie,
Bin das plumpe Trampeltier
Eures Hohnes, Eures Lächelns!

Bin die Zielscheib Eures Witzes,
Bin das Ungetüm, womit
Ihr die Kinder schreckt des Abends,
Die unartgen Menschenkinder.

Bin das rohe Spottgebilde
Eurer Ammenmärchen, bin es,
Und ich ruf es laut hinunter
In die schnöde Menschenwelt.

Hört es, hört, ich bin ein Bär,
Nimmer schäm ich mich des Ursprungs,
Und bin stolz darauf, als stammt ich
Ab von Moses Mendelssohn!»[53]

Ein «plumpes Trampeltier», das Moses Mendelssohn kennt, den jüdischen Religionsphilosophen, Mitarbeiter Lessings und wichtigen Kopf der Berliner Aufklärung! Atta Troll hat es faustdick hinter seinen Pelzohren.

Wie ist er wirklich? –
Beobachtungen des Bärenlebens in der Wildnis

Wenn wir Bären beobachten wollen, müssen wir einiges auf uns nehmen und weit reisen – es sei denn, wir begnügen uns mit dem Zoo. Ihr Lebensraum ist heute – abgesehen von den Reservaten – auf schwer zugängliche und teils lebensfeindliche Gebirgsregionen beschränkt, wo selbst diese Künstler der Anpassung nur mit Mühe überleben können. In allen technisierten Ländern der Welt wird den menschlichen Interessen der Vorrang gegeben: Tourismus, Sport oder Hobbys gehen vor – Freizeitbeschäftigungen, die den betreffenden Ländern Geld einbringen.

Wo gibt es in Europa noch Braunbären? Der letzte deutsche Bär starb 1835 in Bayern bei Ruhpolding unter den Schüssen «seines» Landesherrn. In Norwegen finden sich heute noch etwa 50 Tiere (um 1600 waren es noch 2000); Finnland und Schweden haben zusammen einen Bestand von 300 bis 500 Bären. In Italien leben an die 100 Bären, vorwiegend im Nationalpark der Abruzzen. Spanien zählt noch 150, Frankreich 20 – eine Anzahl, die nicht mehr zum Überleben der Art ausreicht. In Südosteuropa vermutet man noch einige tausend, vor allen in den Karpaten und den Gebirgen des Balkan. Etwa 100000 Tiere leben in Rußland – das ist mehr als die Hälfte des vermuteten Gesamtbestandes auf der ganzen Welt. Und in Übersee? Die amerikanischen Grizzlies sind, wie schon berichtet, mit 900 Tieren vom Aussterben bedroht (im 17. und 18. Jahrhundert gab es noch 50000 «goldene Bären»), sie leben auf nur 1 % ihres einstigen Lebensgebietes. Am wenigsten sind die Bären in den Ländern des hohen Nordens gefährdet: In Alaska und

Westkanada leben noch etwa 60000 Braunbären. Aber Gefahr droht ihnen auch dort, trotz des organisierten Tierschutzes: wegen hoher Abschußraten und der Zerstörung ihres Lebensraumes durch Planierraupen und Asphaltiermaschinen.[54]

In diesen abgelegenen Tundren und Bergwäldern Alaskas und Kanadas war und ist es Bärenforschern möglich, den Petzen «von Nase zu Nase» zu begegnen und sie bei ihren Lebensgewohnheiten zu belauschen. Während der oft jahrelangen Nachbarschaft wächst nicht nur das Wissen, sondern auch die Zuneigung und Begeisterung der Bärenkenner, und manches spannende, informativ und liebevoll gestaltete Buch ist aus solchen «Bärenjahren» entstanden.[55]

Bärenkontakte

Bären sind ständig unterwegs, vor allem die Männchen. Diese beanspruchen für ihre Wanderungen riesige Reviere, die je nach dem Nahrungsangebot zwischen 300 und 1000 Quadratkilometer groß, ja in unwirtlichen, kargen Gebieten noch größer sind. Auf ihren Wanderungen treffen sie oft tage- oder wochenlang keinen Artgenossen, dennoch sind sie keine eigentlichen Einzelgänger. Sie kennen sich untereinander sehr genau am Geruch und Habitus und bilden eine weiträumige Lebensgemeinschaft mit einer Sozialstruktur: Am ranghöchsten sind die größten, stärksten und intelligentesten älteren Männchen, ihnen folgen die Bärinnen, die Junge führen; ganz unten rangieren die Bärenkinder. Im allgemeinen respektieren die Bären diese Rangordnung, und die Rangniederen gehen den Ranghöheren aus dem Wege.

Die Heimatgebiete der Männchen überschneiden sich oft und umfassen auch die Reviere mehrerer Weibchen, die viel kleinere Areale bewohnen. Das ist für die Fortpflanzung sehr wichtig, denn wenn die Bärinnen in Hitze sind – nur alle drei bis vier Jahre für einige Wochen –, ist so bald ein Freier auf dem Plan, dessen feine Nase schon den verführerischen Duft des Weibchens aufgenommen hat.

Trotz dieser Nähe laufen sich Gebietsnachbarn nur selten über den Weg. Wie können sie sich trotzdem erkennen und identifizieren? Dazu dient ihnen ihre «Dorflinde» – oder bärig gesprochen: ihr «Scheuerbaum», ein Baum mit besonderem Standort, meist an Bächen oder engen Flußbetten, wo man sowieso vorbeikommt. An diesen Bäumen gibt man sich ein Stelldichein über Kratz- und Duftmarkierungen und mit Bärenhaaren. So kennt man sich genau und braucht sich dennoch nie leibhaft zu begegnen! Die gemeinsame Sprache ist das Markieren am Baum. Das wird zur Angewohnheit von jedem Passanten.

Von einem solchen Kommunikationszentrum der Bären im Denali-Nationalpark (Alaska) berichtet ein Bärenkenner:

«Es herrschte ein reges Kommen und Gehen bei den Bären, was man nicht nur an dem stark ausgetretenen Pfad, der mit zahlreichen Bärenspuren bedeckt war, sondern auch an den nahe beieinander stehenden ‹Scheuerbäumen› erkennen konnte. Ich glaube fast, daß den vorbeiwandernden Bären das Fell aus bloßer Einbildungskraft juckte; dies führte dann dazu, daß sich im Laufe der Jahre immer mehr Tiere an diesen Bäumen rieben und scheuerten...

Bei einer solchen Kratzprozedur werden Rücken, Flanken, Hinterteil, Bauch, Kopf und Hals gründlich massiert. Gelegentlich mutet der ganze Vorgang wie der letzte Modetanz an... Eine Bärin stand auf den Hinterbeinen an einen Pfahl gelehnt und wand ihren Körper auf und ab, wobei sie ihn noch hin- und herdrehte, um die wohltuende Kratzwirkung zu verstärken.»[56]

Natürlich kann sich ein Bär, wenn er vorbeikommt, auch über seine Vorgänger informieren, indem er deren tiefe Trittspuren interpretiert – offenbar bewußt in den Boden gedrückte Markierungen. Seine wichtigste Informationsquelle aber ist der Geruchssinn, der weit besser entwickelt ist als der des Hundes oder gar des Menschen. Über viele Kilometer kann der Bär Düfte aufnehmen, die ihm der Wind zuträgt, und sich so bei seinen langen Wanderungen orientieren.

Ein Rätsel ist den Wissenschaftlern immer noch, wie Bären über große Entfernungen wieder in ihre angestammten Reviere zurückfinden. Ein junger, aufdringlicher Grizzly zum Beispiel wurde aus seinem Revier in Alaska per Flugzeug umgesiedelt. Doch er tauchte bald wieder in seiner Heimat auf: 270 Kilometer hatte er zielsicher in unbekanntem Gelände zurückgelegt! Es ist durchaus möglich, daß der Bär die elektromagnetischen Verhältnisse eines Geländes zu deuten versteht und seine Wanderungen an sogenannten «Kraftlinien» oder Magnetfeldern orientiert.[57]

Der Bär ist fast immer allein unterwegs, nur in den Sommerwochen seines Liebeslebens und in der Zeit der Mutterschaft liebt er Geselligkeit. Und oft bleiben auch Bärengeschwister noch eine Weile zusammen, wenn die Bärenmutter ihre Zwei- bis Dreijährigen ins selbständige Leben entlassen hat. Da der Bär direkten Kontakten möglichst ausweicht, trifft er auch nicht gern mit Menschen zusammen und geht ihnen aus dem Wege. Annäherungen erfolgen meistens nur, weil er über Blickkontakt, Gehör und die Nase erfahren möchte, wer ihm da begegnet und ob sich eine Gefahr anbahnt. Solche Begegnungen in der Wildnis sind für ihn mindestens ebenso unangenehm wie für den einsamen menschlichen Wanderer. Laut Augenzeugenberichten hat so mancher Bär nach dem ersten Schreck überstürzt das Weite gesucht und dabei «in die Hose gemacht» – wenn er eine angehabt hätte.

Doch wenn er seine Gelassenheit und der Mensch seine Ruhe und einen klaren Kopf behält, kann eine solche Begegnung zweier Individuen in der Einsamkeit voller Würde und Schönheit sein. Helmut Paul Heft war eine solche unvergeßliche Begegnung in British Columbia beschieden. Er verbrachte die Abendstunden in seinem Kanu, um über dem See eine Stockente zu schießen. Während er in der kleinen Bucht auf seine Beute wartete, hörte er schwere Tritte nahen:

«[...] Nach einigen Minuten zog zwischen gilbenden Seggen und wippendem Wollgras ein dunkler Koloß [...] auf meinen Warteplatz zu: ein Grizzly von ungewöhnlicher Größe. Er ging im zügigen Bärenpaß mit tiefem Haupt und wirkte gedankenversunken und doch auch selbstsicher und zielstrebig, denn er folgte ohne Umschweife dem Tierpfad am Seeufer entlang von Süden nach Norden. Ich verharrte noch immer still in meinem Kanu und rührte mich auch beim Näherkommen des Bären nicht. Kein Windhauch hatte den Grizzly vor mir gewarnt. Er nahm mich erst wahr, als er auf seinem quer zu mir verlaufenden Wege den dichtesten Punkt erreichte. Es waren nur noch 25 Meter zwischen uns.

Da stoppte er abrupt, wandte sichernd den Kopf zu mir her, trat noch einige Schritte näher und erhob sich dann auf die Hinterbeine. Drei Meter hoch stand sein dunkler, massiger Körper würdevoll, reglos und stumm gegen den blaßroten Abendhimmel. Wir sahen uns unmittelbar in die Augen. Der Grizzly prüfte mich mit ruhigem Blick. Wir waren uns so nahe, daß ich trotz des Dämmerlichts jede Nuance in seinem Gesicht genau erkennen konnte: die Bewegungen seiner roten Nüstern, ein leichtes Lüpfen der Lefzen, die schimmernden Fangzähne, jede einzelne Kralle seiner locker herabhängenden Pranken. Und ich habe mir alles gründlich eingeprägt: Seine Nägel waren auffallend hell, lang und ebenmäßig, das Haar um den Fang ergraut, sein Gesichtsausdruck gelassen und in keiner Weise furchterregend, sondern eher friedvoll und freundlich. Es fiel mir nicht schwer, diesem Blick standzuhalten. Das mächtige Tier strahlte Ruhe und Vertrauen aus, die sich auf mich übertrugen. Nur so kann ich es mir erklären, daß ich in keinem

Augenblick Nervosität oder Angst empfand, obwohl es mir bewußt war, daß mich der Bär mit wenigen Sprüngen in Sekundenschnelle hätte erreichen können.

Wir sahen uns lange an – mehrere Minuten lang – und einmal kam mir der Gedanke, wie es gewesen wäre, wenn ein anderer mit der Waffe im Boot gesessen und dieses wunderbare Geschöpf getötet hätte. Ich dachte auch daran, den Grizzly anzureden. Aber heute bin ich froh darüber, daß es nicht dazu kam. Ich hätte gewiß diese einzigartige Stimmung entweiht. Unsere Begegnung endete so sanft, wie sie begann. Als der Bär sich vergewissert hatte, daß ich nur arglos dort hockte, ließ er sich auf alle viere nieder und setzte seine Wanderung fort.»[58]

Des Bären Speisekarte

Die Speisekarte des Meisters Petz hat Ähnlichkeit mit der unseren: Er ist Allesfresser mit einem starken Hang zum Vegetarischen und paßt sich in seiner Ernährung der jeweiligen Gegend und Jahreszeit an. Darin ist er wirklich ein Meister: Er weiß, wann wo was wächst, und seine Futterplätze wechseln entsprechend. Im Frühling, nach der etwa sechsmonatigen Winterruhe, frißt er alles frische Grüne, gern auch Knospen und junge Schößlinge, die eiweißreich sind, sowie zarte Wurzeln und Blätter. Später im Jahr geht er zu Blumen, Halmen, Nüssen, Baumrinde, Samen, Früchten, Beeren und natürlich Honig über. Welche Pflanzen bevorzugt auf seiner Speisekarte stehen, bezeugen deutsche Pflanzennamen wie Bärenklau, Bärlauch, Bärenschote, Bärentraube, Bärwurz. Sie erinnern an die Gegenwart des Bären in unserm Lebensbereich. Seine Fleischportion holt er sich mit Maden, Ameisen, Nagetieren, Krebstieren und – wenn er in der Nähe lachsreicher Flüsse lebt – unter den in der Laichzeit flußaufwärts ziehenden Lachsen. Er kennt genau das «timing» und trifft sich in friedlicher gemeinsamer Freßarbeit mit allen Bären der Region alljährlich an der gleichen Stelle des Flusses. Die Bärenmütter bringen ihre Jungen mit, die die verschiedenen Lachsfangmethoden durch Nachahmung lernen. Hier verlieren die Feinschmecker ihre sonstige Scheu und genießen in enger Gemeinschaft ihr Schlaraffenland.

Andere Artgenossen, in deren Revieren Menschen kampieren, riechen die Menschennahrung und durchstöbern Mülltonnen oder Abfallhaufen nach Essensresten, eine häufige Ursache von bär-menschlichen Unstimmigkeiten. Wer hat schon gern, wenn ein 200 bis 400 Kilo schwerer Petz seinen Kopf durchs Küchenfenster steckt und beim Kartoffelschälen zuschaut, sich laut schmatzend über die Vorräte hermacht oder Mülltonnen umkippt und nach Freßbarem durchstöbert? Die Petze probieren auch alles, was gut duftet: Seife, Duschgel und Bonbons.

Bauern und Schäfer, denen die alteingesessenen Petze ab und zu ein Schaf oder Jungtier stehlen, sind natürlich nicht gut auf diese zu sprechen. In einige Ländern erhalten sie vom Staat Schadenersatz.

Bärenliebe und Bärennachwuchs

Bären und Menschen geraten sich nicht nur beim Thema Nahrung ins Gehege, beide haben auch das Bedürfnis nach einem großflächigen Lebensraum und wollen sich frei darin bewegen. Der Konflikt muß aber nicht im Stil des «Wilden Westens» ausgetragen werden, inzwischen gibt es Alternativen, die auf Einsicht in die Lebensweise der Bären beruhen und dieser gefährdeten Art ihren Raum zugestehen.

Wo das geschieht, werden die Menschen durch besondere Erlebnisse mit ihren behaarten Nachbarn belohnt. Wer möchte nicht gern einmal Mäuschen spielen, wenn ein Bär sein erstes Rendezvous hat? Auch hier lasse ich Helmut Heft sprechen, der im Revier eines jungen Schwarzbären lebte, des «Frühlingsbären». Am Johannistag trifft er seinen «Nachbarn» – aber nicht allein:

«Dem Benehmen nach mußten sich die beiden gerade erst kennengelernt haben. In einem großen Beet von Sumpfvergißmeinnicht saßen sie sich lange gegenüber und sahen sich unverwandt in die Augen. Nach einiger Zeit rutschte der Frühlingsbär noch etwas näher an sie heran und legte zögernd seine rechte Pranke auf die Schulter der Bärin, die es offensichtlich sehr aufregend fand und ihn mehrmals zärtlich in die Ohren biß, als es gleich darauf zu einem übermütigen Gerangel auf dem Vergißmeinnicht-Teppich kam.

Ein Viertelstündchen später sprang die Bärin in spielerischer Laune den Waldhang hinauf, und der Bär blieb ihr dicht auf den Fersen. Im hüfthohen Beerengerank erblickte ich das Paar mal hier, mal dort. Sie tauchten in undurchsichtiges Waldesdämmern ein, dann wieder glitten ihre Körper auf sonnigen Lichtungen, die der Sturm gerissen hatte, über umgestürzte Fichtenstämme hinweg und immer sah ich die Bärin vorn und ihren Liebhaber dahinter. Dies dauert gewöhnlich so lange, wie der Bär es nötig hat, um sie zu werben. [...]

Nach einigen Tagen, wenn die Partner sich miteinander arrangiert haben, übernimmt der Bär die Führung, und die Bärin wird ihm ergeben folgen. In dieser endgültigen Rangordnung sah ich auch den Frühlingsbären und seine kaffeebraune Schöne wieder, als er ihr ein paar Tage nach dem Rendezvous am Bach die Geheimnisse der Mülltonne hinter meine Hütte zeigte.»[59]

Obgleich Bär und Mensch einander gut kannten, wurde diesmal der Bär energisch, als Heft sich ihm bis auf die üblichen acht Meter nähern wollte, um das «Hochzeitsbild» zu knipsen. Er war sichtlich gereizt durch die menschliche Annäherung und bereit, seine Partnerin zu verteidigen. Seine Gebärdensprache war eindeutig:

«In diesem Falle schob sich der Frühlingsbär bereits demonstrativ zwischen die Bärin und mich, als ich noch dreimal so weit entfernt war wie sonst üblich. Er ging nicht zurück, sondern rannte aufgebracht auf seiner Verteidigungslinie hin und her, tat sein Mißfallen durch lautes Schnaufen und Blasen kund und schlug die Zähne hörbar aufeinander, was allgemein als ernste Warnung zu verstehen ist. Schließlich fuchtelte er halb aufgerichtet mit der rechten Pranke in der Luft herum, und das bedeutet nicht Winke-winke, wenn es auch genauso aussieht, sondern eher soviel wie die maßnehmenden Armbewegungen eines Boxers im Ring – Intentionsbewegungen, wie die Verhaltensforschung es nennt.

Das Luftboxen kann beim Bären Vorstufe einer Angriffshandlung sein oder auch nur eine Drohgebärde. Ich glaube bis heute nicht, daß es beim Frühlingsbären ernsthaft gemeint war. Er wollte ihr nur zeigen, was für ein toller Kerl er sei. Als ich langsam zurückwich und in der Hütte verschwand, beruhigte er sich bald, und beide Bären begannen, Kräuter zu zupfen. Sein Gehabe erinnerte mich an das Benehmen junger Männer in gewissen gespannten Situationen auf dörflichen Tanzsälen in meiner Jugendzeit. Das ist eine von vielen Parallelen im Verhalten von Bär und Mensch.»[60]

Es wurde auch beobachtet, daß sogar die Zärtlichkeiten der Bären denen der Menschen ähnlich sind: So berühren sich die Partner mit den Lippen und belecken sich oder reiben ihre Nasen aneinander. Und ihre Pranken können nicht nur kräftig zulangen, sondern auch zärtlich streicheln. Allerdings nur während der Zeit der Frühlingsgefühle, sonst gehen sich weibliche und männliche Bären aus dem Weg. Manch starker Patriarch hat schon einen großen Bogen geschlagen, wenn sich eine Bärenmutter mit Anhang näherte, denn diese schützt ihren Nachwuchs todesmutig und greift auch weit stärkere männliche Tiere an, wenn sie ihren Jungen zu nahe kommen.

Die Mutterliebe der Bärinnen ist sprichwörtlich geworden. Im Französischen gibt es die Redensart vom «ours mal léché», vom «schlecht geleckten Bären», wie man es auch im

Deutschen noch manchmal hören kann. Gemeint ist ein ungeschliffener, schlecht erzogener Mensch. Diese Redensart fußt auf der alten Vorstellung, die Bärenmutter bringe ihre unförmigen, winzigen Jungen durch Lecken in die richtige Bärenform. Solche Kraft wurde ihrer Zunge und ihrem Speichel zugetraut. Vermutlich geht diese Vorstellung auf das naturgeschichtliche Werk des Plinius zurück. Dort findet sich nämlich folgende Beschreibung: Die Bärenjungen «werden als weiße, formlose Fleischbrocken geboren, nicht viel größer als eine Maus, und nur ihre Krallen sind deutlich zu erkennen. Erst nachdem ihre Mutter sie richtig beleckt hat, erhalten die Jungen schrittweise ihre spätere Gestalt.»[61] Neugeborene Bären sind tatsächlich winzig: Sie wiegen nur etwa 500 Gramm, sind nackt, blind und zahnlos. Das hängt mit der Embryonalentwicklung der Bären zusammen, denn diese hat ihre Besonderheiten: Obgleich die Paarung im Frühling oder Sommer erfolgt, wird die Implantation des befruchteten Eis verzögert. Von der guten Ernährung der Bärin während der Sommermonate hängt es ab, ob es sich einnistet. Dann entwickelt sich der Keim während der Winterruhe – eine praktische Lösung, denn die Bärin wird nicht durch Schwangerschaft bei der Nahrungssuche behindert, von der ja ihr und ihrer Jungen Überleben abhängt. Und mitten im Winter bringt sie im Dunkel ihrer Höhle ein bis vier Junge zur Welt.

Wenn man bedenkt, wie sich aus winzigen, nackten «Mäusen» in gar nicht langer Zeit «Riesen» an Kraft, Größe und Intelligenz entwickeln, die den Namen «Waldkönig» zu Recht tragen, dann erscheint der Mythos vom Anfang dieses Buches sehr einleuchtend: Der Göttervater Zeus wurde als Zögling von Bärenmüttern «in Form geleckt». Auch die wunderliche Verbindung der Gottesgebärerin Maria mit einer Bärenhöhle auf Kreta leuchtet ein: Wenn das Fest am 2. Februar der Arkoudiotissa, der «Gottesmutter von den Bären», geweiht ist, dann wird zugleich des göttlichen Knaben gedacht, der zur Sonnenwende des Winters geboren wurde – wie die jungen Bärenkinder.

Die Winzlinge wachsen durch die fette Muttermilch sehr schnell. Wenn sie ihr sicheres Winterversteck verlassen haben, lernen die Jungen als erstes das Aufbaumen: blitzschnell Stämme zu erklimmen, wenn Gefahr droht. Nur so können sie ihrem einzigen natürlichen Feind, den Wölfen, entkommen. Aber das Klettern ist zudem eines ihrer wichtigsten kindlichen Spiele, wenn sie sich nicht balgen, an Hängen hinunterrutschen oder -kullern, alles Greifbare untersuchen, ihre meist geduldige Mutter ärgern oder Schmetterlinge fangen. Der Ernst des Lebens besteht darin, von der Mutter alles zu lernen, was ein erwachsener Bär wissen muß, und das ist eine Menge. Wenn sie allzuviel Unfug im Kopf haben, erzieht die Bärin ihre Sprößlinge wie wir Menschen unsern Nachwuchs mit stimmlichen Äußerungen – Bären haben ein großes «Vokabular» an Lauten – und langt ihnen auch mal eine mit der Tatze. In vielem ist die Kinderaufzucht des Bären mit der des Menschen verwandt; daß sich daran Mythen und Märchen geknüpft haben, ist gut zu verstehen. Ich habe einmal stillvergnügt eine Bärenmutter beobachtet, wie sie in ihrem Zwinger ihre Zwillinge nährte. Auch in Gefangenschaft scheu und wachsam, störte sie sich bald nicht mehr an meiner Gegenwart – vielleicht, weil ich ihr Wiegenlieder vorsang? Sie lag entspannt auf dem Rükken und hielt an beiden Seiten ein Junges an die Brust. Es wirkte sehr menschenähnlich, wie ihr die Kleinen in den Armen lagen.

Bärenmütter sind an Sorgfalt kaum zu überbieten:

«Im ersten Frühling und Sommer läßt die Bärin ihren Nachwuchs zu ebener Erde nicht allein. Sie legt ihre Jungen nicht ab, wie etwa Ricken oder Häsinnen es tun. Die Jungbären folgen auf Schritt und Tritt. Nur in sicherer Höhe eines Fluchtbaumes werden sie bisweilen allein gelassen. Wenn ein Junges bei den täglichen Streifzügen nicht mehr weiter kann, wird es manchmal huckepack getragen. An reißenden Wildwassern weiß die Bärin für eine bequeme Überquerung natürliche Stege, die im Urwald durch niedergebrochene Bäume entstehen. Falls es notwendig ist, schleppt die Bärin ihre Jungen durch gefährliche Strömungen, indem sie mit den Zähnen deren Nackenfell packt. [...]»[62]

Bärenkinder können weinen und wimmern wie Menschenkinder, aber auch ihrem Charme kann sich laut Augenzeugenberichten niemand entziehen. Beim Lesen der nachfolgenden Beschreibung bärenkindlicher Freuden mag manch eine oder einer schon gedacht haben: «Bärenkind müßte man sein!»

«Während die Bärin tagsüber fast unablässig nach Futter sucht, sehen ihr die Jungen zwar wißbegierig, aber müßig zu, faulenzen im Sonnenschein oder treiben ihre ungestümen Spiele. Haschen ist ein Lieblingsspaß der Bärenkinder, ob Brownie, Grizzly oder Baribal. Sie ringen und raufen miteinander, sie boxen und beißen, kennen eine Art Fingerhakeln und eine naive Form von Fußball mit Kiefernzapfen, sie werfen sich Moosklumpen wie Bälle zu, rollen runde Hölzer umher, hüpfen vergnügt im Kreise oder tummeln sich ausgelassen in Pfützen und Pfuhlen. Alles, was sich bewegen läßt, fesselt ihre Neugier. Manche haben ihr eigenes Spielzeug an bestimmten Plätzen, vielleicht ein glatt gescheuertes Stück Treibholz an einem Seeufer oder einen abgeschliffenen Stein von handlicher Form.

Es gibt Bestätigungen dafür, daß junge Bären ihr Spielzeug mit offenbar lustvollen Empfindungen an sich drücken, wobei sie sich behaglich zurechtlegen oder auf dem Waldboden, im Sand, Schnee oder Wasser auf den Rücken wälzen.

Von einem Drillingswurf von Schwarzbären, die im kanadischen Norden in menschlicher Obhut aufwuchsen, hieß es, daß sie ihr Spielzeug eifersüchtig bewachten, daß sie es mit in ihr Nachtlager nahmen und im Schlaf umarmten. Möglicherweise war es für diese verwaisten Tiere ein Ersatz für die Mutter. In einem Fall war das Spielzeug ein alter Mokassin aus Elchleder, im anderen ein Stück Fell und einmal ein Teddybär aus Plüsch.»[63]

Auch Bärenkinder haben ihr «Übergangsobjekt»! –

Diese Beobachtungen zeigen, daß Bären schon als Kinder sehr individuell sind: Sie werden nicht nur von festgelegten Instinkten gesteuert, sondern haben – wie Menschenkinder – eine große Lernbereitschaft und Anpassungsfähigkeit, was auch die erwachsenen Tiere kennzeichnet. Diese Individualität drückt sich auch äußerlich aus. Bären unterscheiden sich in ihrem Ausdruck, bis hin zu ihrem «Mienenspiel». Besonders alte Bären – sie können ein Alter von 25 Jahren erreichen – haben eine starke persönliche Ausstrahlung. Viele Bärenfotos sind eigentlich Porträts. Beim Betrachten geschieht es wie von selbst, daß ich mit ihnen ins Gespräch komme, und sie haben mir viel zu sagen.

Es kann als gesichert gelten, daß Bären eine Art Geburtenkontrolle üben. Mit dieser können sie allzu starker Vermehrung vorbeugen und Übervölkerung vermeiden; sie können auch größere Lücken unter ihresgleichen durch vermehrte Geburten ausgleichen. Wissenschaftlich ist noch nicht völlig geklärt, welche Abläufe in der Körperchemie das steuern; wahrscheinlich lösen Streßhormone diese Steuerung aus.

Im Wissen der Indianer, die Jahrtausende in guter Nachbarschaft mit Bären gelebt haben, gibt es für diese Fähigkeit des Bären allerdings einen anderen Grund. «Warum sind die Grizzlys nicht ausgestorben? Weil sie über besondere Kräfte verfügen», sagt der schon zitierte George Blondin, Stammesältester der Dene im Nordwesten Kanadas.[64] Diese «besonderen Kräfte» lassen sich nicht mit wissenschaftlichen Mitteln allein erkennen, sondern verlangen noch weitere, seelische Fähigkeiten von uns. Der Rat eines anderen Indianers hilft da weiter:

> «Du mußt all diesen Geschöpfen zuhören, zuhören mit Kopf und Herz. Sie haben Geheimnisse zu erzählen.»[65]

Die weiteren Kapitel dieses Buches sind dem Versuch gewidmet, den Bären auf diese Weise zuzuhören und die innere Wahrnehmung ihrer «Geheimnisse» zu ermöglichen.

Das erste dieser Geheimnisse, dem ich mich eingehend zuwenden möchte, ist ein Vorgang, den ich bei der Beschreibung des Bärenlebens in der Wildnis nur gestreift habe: das Geheimnis des Rückzugs, der Winterruhe des Bären in seiner Höhle.

Von der Bärenruhe lernen – Die Höhle des Rückzugs

Seit je hat die Menschen fasziniert, daß der Bär während des kalten Teils des Jahres von der Bildfläche verschwindet und in seiner Höhle die Winterruhe hält. – Ein beneidenswertes Verhalten! Wie gerne würde sich so mancher Mensch ebenfalls nach Zeiten hoher Anspannung in eine weich gepolsterte, nach Kräutern und Moosen duftende Höhle zurückziehen! Erst in den letzten Jahrzehnten konnten geduldige Forscher ein wenig Licht ins Höhlendunkel bringen – mit Hilfe automatischer Meßgeräte, mit denen sie den schlummernden Bären zu Leibe rückten.

Die innere Uhr geht genau

Was veranlaßt den Braunen dazu, sich zur Ruhe zu legen? Wie übersteht sein massiger Körper das Fasten – denn er frißt und trinkt nicht – und die Abnahme der Körpertemperatur? Woher nimmt eine Bärenmutter die Energie und die Wachsamkeit, ihre Jungen nicht ans Licht, sondern ins Dunkel der Welt zu bringen und am Leben zu erhalten? Und schließlich: Wie kommen die Bären zu einer solch intelligenten, umsichtigen und zweckmäßigen Technik beim Ausbau der Höhle? Hier wirkt sicher mehr als «nur» der Instinkt, denn die Höhlen unterscheiden sich voneinander ebenso wie ihre individuellen Bewohner. War die Höhle gut, kehrt ihr Erbauer im nächsten Herbst zu ihr zurück, erledigt noch einige Reparaturen und bewohnt sie wieder. Wie menschenähnlich!

Die physiologische Grundlage für ihre Winterruhe müssen Bären während der Sommermonate schaffen und so viel und so gehaltvolle Nahrung zu sich nehmen, daß ihr Fettpolster für einen langen Winter ausreicht. Dabei gilt die harte Regel: «Wer sich nicht satt ißt, schläft sich tot.»[66] So kann es als sicher gelten, daß dem Bären sein eigener Organismus durch eine gewisse Freßunlust und Sättigung sowie Müdigkeit signalisiert, wann es Zeit ist für den Rückzug. Und treten dann äußere Einflüsse wie Schneefall, kombiniert mit Frost, hinzu, verschwindet er in seiner vorbereiteten Höhle. Der genaue Zeitpunkt hängt von Lage, Klima und Witterung des Bärenareals ab. So unterscheiden sich die Rückzugstermine der einzelnen Bären bis zu vier Wochen voneinander. Und treibt es in frühen, kalten Wintern die Grizzlies schon Ende Oktober in ihr Versteck, so lungern bei milden Wetterlagen manche müden Bären noch bis Ende November draußen herum. Bärenmütter mit ihren Jährlingen ziehen sich meist als erste zurück, die Altbären warten dagegen oft den ersten knackigen Frost ab, bis sie den Winter ernst nehmen. Sie haben eben Erfahrung! Vor allem haben sie eine innere Uhr, der sie folgen, und sind auf diese Weise nicht nur von wechselnden äußeren Einflüssen abhängig.

Im Norden Kanadas haben Bärenforscher den Kalender der dort lebenden Grizzlies unter die Lupe genommen und sind dabei auf eine Pünktlichkeit gestoßen, die manchem Menschen Ehre machen würde:

«Interessante Einzelheiten über die Schlafgewohnheiten der Grizzlies sind aus dem kanadischen Kluane National Park bekannt. In diesem alpinen Südwest-Zipfel des Yukon Territoriums am 60. Breitengrad (wie Oslo) liegen alle «ordentlichen» Bären spätestens am 26. Oktober auf ihrer Matratze aus Zweigen, Kräutern und Gräsern. Sie scheinen es dort mit den Terminen besonders genau zu nehmen, als ob sie die Tabellen der Bärenforscher – Dr. Arthur M. Pearson und sein Team –, die von 1964 bis 1972 die

Gewohnheiten dieser Grizzlies studierten, nicht durcheinander bringen wollten. Denn auch im Herbst 1969, als der erste große Schneefall bis zum Stichtag ausblieb, waren die Bären ohne den Schnee zur Ruhe gegangen. Eine Bärin mit einem Jährling verstopfte angesichts des Schneemangels den Höhleneingang von innen mit Strauchwerk und dürrem Kraut.

Und 1968, als bereits Mitte Oktober starker Schneefall niederging, begaben sich zwar fast alle Bärenmütter mit Jungen ins Winterlager, aber mehrere eigensinnige Altbären wollten sich nicht von ihrem Kalender abbringen lassen. Sie kamen nach dem Schneefall vom 15. und 16. Oktober wieder aus ihren Höhlen hervor, bummelten in der engeren Umgebung herum und hielten sich prompt bis zum 25. Oktober wach – der von den Forschern als Stichtag erkannt worden war.»[67]

Vermutlich sorgt eine hormonähnliche Substanz dafür, daß die Lebensuhr der Bären so genau geht, daß die Bluttemperatur des Winterruhers sinkt und die Herztätigkeit vermindert wird, vor allem aber, daß aus diesen «Unterfunktionen» dem Organismus kein Schaden erwächst. Eine HIT genannte Substanz wurde bei echten Winterschläfern wie Erdhörnchen entdeckt, die in eine völlige Starre fallen und deren Bluttemperatur bis auf wenige Grad über dem Gefrierpunkt absinkt. Eine ähnliche Regulation wird beim Bären vermutet, der ein Winterruher ist: Seine Bluttemperatur sinkt nur um etwa drei Grad, sein Sauerstoffbedarf vermindert sich um die Hälfte, wie auch seine Herzfrequenz drastisch sinkt.[68]

Wie kommt es, daß die Braunen trotz ihrer herbstlichen Fettpolster und hohen Blutfettwerte nicht herz- und kreislaufkrank werden wie unsereins? Ihr Blut enthält vermutlich ein schützendes Protein. Und weshalb vergiften sie sich nicht an ihrem eigenen Harnstoff, obwohl sie während der Winterruhe weder Kot noch Harn absetzen? Auch dafür ist ihr Organismus bestens ausgerüstet: Der Harnstoff wird aufgespalten, und der dabei freigesetzte Stickstoff dient dem Aufbau von Eiweiß. Durch die chemische Verbrennung der Fettreserven wird dem Körper die nötige Wärme zur Verfügung gestellt und auch noch genügend Wasser freigesetzt. Aus dieser bewundernswerten Selbstregulation des Bärenorganismus wird nun auch verständlich, daß die Bärenmutter trotz des Fastens für ihre Neugeborenen genug Muttermilch produzieren kann.

Am Ende des langen Winters erwachen die Bären und sind um ein Drittel ihres herbstlichen Gewichtes erleichtert. Es wurde beobachtet, daß sie nach ihrem Aufwachen und nach ausreichendem Strecken und Gähnen als erstes eine Wasserstelle aufsuchen und Unmengen trinken. So entschlacken sie ihren Körper. Die Nahrungsaufnahme nach dem langen Fasten beginnt erst allmählich, und es soll kräuterkundige Bären geben, die ihre Darmtätigkeit mit abführenden Kräutern wie Nieswurz wieder ordentlich in Gang bringen.[69]

Spezialisten in Sachen Schlafgemach

So ist der Lebensrhythmus und der Organismus der Bären in vollkommener Weise dem Rhythmus der Jahreszeiten im Norden angepaßt – eine Anpassung, die teils durch physiologische Reize gesteuert, teils aber auch durch Erfahrungen erlernt wird. Wie intelligent die Bären gerade ihren winterlichen Rückzug vorbereiten und wie sie umlernen können und auch «moderne» Hilfsmittel nutzen, zeigen ihre Winterquartiere. Dabei schaffen die Braunbären und Grizzlies Höhlen, deren Konstruktion und «Innenarchitektur» sie höchst zweckmäßig anlegen, die Schwarzbären (Baribals) im Norden Kanadas und der USA sind dagegen nicht auf Höhlen festgelegt. Sie suchen sich einen geschützten Unterschlupf unter gestürzten Bäumen, Wurzeln oder in Baumhöhlen. Doch auch modernen Komfort wissen sie zu schätzen: Ein Baribal fand in der Umgebung einer Müllhalde einen abgewrackten Chevrolet. Als dieser dicht eingeschneit war, wäre niemand auf die Idee gekommen, daß auf dessen Rücksitz ein pfiffiger Schwarzbär schlummerte: auf einer duftenden Unterlage aus Pfefferminzblättern, die er sich gelegt hatte! Noch nobler überwinterte ein Schwarzbär im Süden von British Columbia. Er wählte das Schlafzimmer eines Wochenendhauses. Dort hatte er es sich im Doppelbett unter warmen Decken bequem gemacht. Als die neuen Besitzer im Frühling erschienen, saß er auf der Terrasse und versuchte aufzuwachen. Die Leute berichteten, daß er erst nach langem Zureden brummig und widerwillig sein Hotel räumte ...[70]

Doch den meisten Schwarzbären geht es nicht so gut wie diesen beiden. In sehr kalten Wintern sterben viele durch Erfrieren oder sie werden krank, wenn der Winter schneearm und feuchtkalt ist. Auch Kälte, die auf Tauwetter folgt, wirkt sich verhängnisvoll aus.

So scheinen die Braunbären doch klüger zu sein. Zwar machen sie sich mit ihrem Höhlenbau eine Menge Arbeit und wandern oft weite Strecken bis in die Höhe der Baumgrenze, doch wissen sie genau, warum.

Auf der 4. Internationalen Bärenkonferenz in Montana 1977 wurden systematische Forschungen von Professor Herrero vorgestellt, die es als sicher erscheinen lassen, daß Bären sich in Meteorologie auskennen. Sie suchen sich eine Höhenlage, in der die höheren, wärmeren Luftschichten die schwerere Kaltluft nach unten drücken. Tatsächlich ließen sich im kältesten Monat Januar in der untersuchten Gebirgsregion auf einer Höhe von 2280 Metern deutliche Wärmegewinne im Vergleich zur Talsohle nachweisen – in der Gegend, wo die meisten Grizzlies der Region ihre Winterhöhlen hatten.[71]

Nun sind ja Gebirge in ihren klimatischen Verhältnissen sehr unterschiedlich, und auch die Baumgrenze ändert sich je nach Region. In den untersuchten Gebieten lag sie zwischen 800 Metern (Nordalaska) und 2800 Metern (Yellowstone-Gebiet, USA). Natürlich wissen das die Bären! Sie kommen zuhauf in die günstigste Höhenregion um die Baumgrenze herum, wo auch genügend schützender Schnee garantiert ist.

Der schon öfter zitierte Bärenkundler Heft beschreibt seine Beobachtungen bei seinen Erkundungsgängen in Sachen Bärenarchitektur:

«Ich habe mir die Winterquartiere der Grizzlies auf sommerlichen Bergwanderungen in ökologisch unterschiedlichen Gebirgen Zentralalaskas und Kanadas angesehen und dabei festgestellt, daß die Bären wohl gewisse Höhenlagen an der Baumgrenze wählen, ihren Bau aber nicht aufs Geratewohl anlegen. Sie bevorzugen Hänge, die hinreichend entwässert und für die Grabungen weder zu felsig noch zu locker sind. Stellen mit Bewuchs aus Kriechbirken, Krüppelweiden, Beerengesträuch und anderen Hochgebirgspflanzen sind besonders geeignet. Sie fangen den wärmenden Schnee auf und stabilisieren mit ihrem derben Wurzelgeflecht die Decke des Baues.

Am vorteilhaftesten sind Hänge mit Neigungen zwischen 30 und 45 Grad, wo sich die Stollen gut waagerecht in den Berg treiben lassen. Wären die Hänge noch steiler, würde die erwünschte Schneebedeckung leichter abrutschen. Im nur flach ansteigenden Gelände müßte der Bär zu steil nach unten graben. Dann würde einmal die Wärme aus der Behausung nach oben entweichen und zum anderen Mal Regen- oder Schmelzwasser hineinlaufen.

Die Bären wissen, woher der Wind weht. Ihre Höhlen liegen fast immer an jenen Abhängen, die der winterlichen Hauptwindrichtung des jeweiligen Gebietes abgewandt sind.»[72]

Wenn man all diese Voraussetzungen bedenkt, die ein Bär für sein Winterquartier beachten muß, so gerät man leicht ins Staunen über solche angeborene und durch Erfahrungen vertiefte Klugheit. Zu dieser Klugheit kommt die Ausdauer.

Finden Bären ungünstige Verhältnisse vor, so wandern und suchen sie so lange, bis sie eine geeignete Stelle für ihr Winterbett gefunden haben.

Nicht nur der Außenbau, auch die «Innenarchitektur» der Bärenhöhle beweist bärensicheren Sachverstand. Vor dem eigentlichen Schlafabteil liegt der Zugangstunnel, eine Röhre von etwa einem Meter Länge. Sie hat den Durchmesser ihres Eigentümers und wird möglichst schmal gehalten, damit die Wärme nicht aus dem Schlafabteil entweicht: zwischen 50 und 100 Zentimetern je nach Bärenumfang. Die eigentliche Schlafkammer hat die Form eines hohen Nestes und entspricht ebenfalls der jeweiligen Körpergröße ihres Erbauers. Die meisten Grizzlies legen sich in ihrer Schlafhöhle eine etwa 40 Zentimeter dicke Matratze aus Zweigen, Blättern und duftenden Kräutern, um Ungeziefer fernzuhalten und bequem zu ruhen – mit der Nase in duftenden Pfefferminzblättern läßt sich gewiß eine angenehme Winterruhe halten!

Wenn der Ruheplatz fertiggestellt ist, machen die müden Baumeister an kühlen Tagen schon mal eine Liegeprobe, ehe sie es sich endgültig gemütlich machen und den Eingang ihrer Höhle mit Schnee oder Laub verstopfen – bis zum Frühlingserwachen.

Wo wir in uns selbst einkehren können – Ein imaginäres Gespräch in der Bärenhöhle

«Jede Dunkelheit weiß, warum!»
Günther Grass

Ich komme zu dir in deine Höhle, Schwester Bärin, weil ich dir lauschen und von dir lernen möchte, zur rechten Zeit meine eigene Höhle zu bauen und mich zurückzuziehen. Du verstehst diese Kunst und gibst sie an deine Jungen weiter...

‹An meine Jungen, aber nicht nur an sie! Seit den Kindertagen der Menschheit habe ich mein Wissen an euch Menschen weitergegeben, wenn auch ohne Worte, Bücher und Lehren. Wenn du von mir lernen willst, bist du willkommen!›

Mir fällt es oft schwer, zur rechten Zeit in meine Ruhe einzukehren. In mir und um mich herum ist so viel Geschwätz, von dem ich mich ablenken lasse. Wie machst du das, daß du genau am richtigen Tag in deiner Höhle zur Ruhe gehst, auch wenn draußen noch verlockende Beeren und Pilze zu finden sind?

‹Ich achte auf mein inneres Maß. Wir Bären sind gern allein und folgen unserm Weg, ohne uns von außen ablenken zu lassen. Wenn die Zeit kommt, locken mich auch die fettesten Pilze nicht. Dann weiß ich: Es ist genug! Ich kann mich nun zurückziehen, um in Ruhe zu verdauen. Dann konzentrieren sich meine Energien auf die dunkle Erde und eine Höhle nach meinen Maßen. Ihr Menschen seid sehr ablenkbar! Wie die Menschen- und Bärenkinder seid ihr ständig auf der Suche nach neuen äußeren Reizen, die euch von euch selbst ablenken. Daher hat es euer individuelles Wesen so schwer, sich auszudrücken. Wann nehmt ihr euch wirklich einmal Zeit, still zu lauschen und empfänglich zu sein für die Botschaften aus eurem Inneren? Noch nicht einmal in meinem grünen Reich, dem Wald, oder in den einsamen Bergen folgt ihr eurer eigenen Spur oder lauscht in die Natur! Zwar lebt meinesgleichen schon lange nicht mehr in euren Wäldern, aber es würde einen Bären krank machen, ständig von lärmenden, schwatzenden Menschen umgeben zu sein! Und euch macht es auch krank – ihr bemerkt es nur leider oft nicht.›

Wir Menschen sind mehr auf den Kontakt untereinander

angewiesen als ihr Einzelgänger! Wir investieren viel Kraft und Nachdenken in unsere Beziehungen, denn ohne sie und ohne die Liebe fühlen wir uns nicht als Menschen. «Ich» und «du» sind unsere wichtigsten Wörter...

‹An erster Stelle hast du «ich» genannt, mit Recht. Wie kannst du dich für ein Du interessieren, wenn du noch nicht einmal weißt, wer du selber bist? Das kannst du zwar zum Teil vom Du lernen, wie ja auch unsere Kinder begreifen, daß sie auf der Welt sind, wenn sie unsere Nähe und Wärme spüren und unsere Stimme hören. Doch dann kommt die Zeit, den eigenen Weg zu suchen, und dazu brauchst auch du Mensch deinen eigenen freien Raum. Den mußt du dir selber schaffen und darfst dir nicht hineinreden lassen. Ihr Menschen habt immer so viele Fragen! Würdet ihr öfter und lieber in eure Höhle der Stille zu euch selber einkehren, könntet ihr die Erfahrung machen, daß die Antworten auf eure dringlichen Fragen schon bereitliegen!

Meine Höhle ist ein Ort des Empfangens. In deiner Höhle der Selbstwahrnehmung kannst du deine Antworten empfangen, kannst du von deinem inneren Wissen zehren und es umwandeln in Weisheit. Vertrau der Bärenkraft in dir!›

Ja – das habe ich nicht gelernt, auf mein inneres Wissen zu vertrauen. Ich bin dazu erzogen worden, auf äußere Autoritäten zu hören, die auf Grund ihrer Stellung oder ihrer Kenntnisse das richtige Wissen für sich beanspruchen. Dies ist ein Teil unserer Menschenkultur, daß wir von den Leistungen anderer Menschen zehren und von ihnen lernen!

‹Einer sehr äußerlichen Kultur! Wäre euer Menschenwissen ein selbst erworbenes inneres Wissen, für das ein jeder selbst einsteht, so könntet ihr Menschen weise werden – ihr brauchtet kein äußeres Wissen anzuhäufen, das ein to-

tes Wissen ist, wenn es keine Früchte trägt. Die Menschen unter euch, die aus eigener innerer Erfahrung wissen, handeln auch danach, sie sind eins mit sich im Denken und Handeln. Deshalb sieh zu, daß du deinen eigenen inneren Rhythmus findest und zur rechten Zeit in die Höhle des inneren Wissens und der inneren Wahrnehmung eintrittst, wo dich die Große Mutter empfängt: die Stille, die Dunkelheit, die Leere.›

Das ist aber schwer auszuhalten, Schwester Bärin! Viele Menschen und auch ich drohen in eine Depression abzugleiten, wenn kein äußerer Halt oder Taktgeber mehr da ist! Wenn da nichts mehr ist, droht uns die Leere aufzusaugen, unsere Lebenskraft aufzuzehren! Das kann doch nicht gemeint sein!

‹Habe ich denn behauptet, daß die Leere, die Dunkelheit, die Stille das Nichts sind? Nein – das Gegenteil ist der Fall. Hier ist die Fülle, die Fülle deiner noch unentwickelten Möglichkeiten, die auf dich warten. Das Nichts greift nur dann nach dir, wenn du dem äußeren Halt und den äußeren Taktgebern erlaubst, dein ganzes Leben, all dein Denken, Wollen und Tun zu beherrschen. Finde deinen eigenen Rhythmus und betritt deinen selbst erwählten Raum der Stille, laß die Stimmen der vielen Besserwisser hinter dir und lausche! Erschaffe dir diesen Ort!

Es ist gut, in der äußeren Wirklichkeit einen solchen Platz zu finden, dir deine individuelle Höhle zu graben und sie möglichst von Störungen freizuhalten, so wie ich es immer dann tue, wenn nach der Tagundnachtgleiche des Herbstes die Tage merklich an Lichtkraft verlieren. Doch täusche dich nicht! Es ist vor allem ein Raum in deinem Herzen, den du freihalten mußt. In ihn kannst du immer einkehren, und der Lärm der Welt bleibt draußen. Wie wir Bären hast auch du einen inneren Rhythmus, der dir an-

zeigt, wann es Zeit ist. Dein Körper hat diesen Rhythmus und auch deine Seele. Beide sehnen sich danach, zu fasten und zu schweigen. Höre auf sie! Viele meiner indianischen Brüder und Schwestern kennen diese Furcht nicht, die ihr Europäer vor der Leere und der Stille habt. Sie wissen, daß der selbst gewählte Rückzug der Weg in die Traum-Hütte ist. Dort erleben sie in ihren Visionen, daß ihre Ahnen immer an diesem Ort weilen und sich miteinander zu ihrem Wohl beraten. Dieser Kraft und Unterstützung sind sich viele Indianer gewiß und ziehen sich deshalb regelmäßig dorthin zurück. Deine Ziele und die Verwirklichung deiner heiligsten Träume wohnen in der Traum-Hütte!
Was hindert dich, in sie einzutreten?›

Bärenspuren und Bärenspiele

Die Bärentatze und ihre Spur

In meinem Arbeitszimmer hängt ein Foto von der Spur eines Grizzlys. Tief hat sich sein markanter Fußabdruck in den feuchten Sand eingeprägt: jede Kralle, die Zehen, die Ballen und die Ferse. Es könnte der etwas breit geratene Fuß eines großen Menschen, eines Urmenschen, sein.

Wie wir Menschen ist der Bär ein Sohlengänger, er rollt beim Gehen die ganze Fußsohle ab, im Gegensatz zu anderen Großsäugetieren, die Zehengänger sind.

Doch das ist es nicht allein, was die Faszination dieses Fotos ausmacht. Solch ein Fußabdruck vermag uns, wenn wir ihn bewußt betrachten, auf eine geheimnisvolle Weise zu berühren und aktiviert unser symbolisches Denken. Hier ist jemand gegangen, fortgegangen. Er ist den Sinnen nicht mehr erreichbar – und doch ist dies Wesen gegenwärtig in seiner eingeprägten Spur. In Indien wird der Fußabdruck Krishnas verehrt, denn durch diesen bezeugt der Gott, daß er in Raum und Zeit eingetreten ist und die Erde berührt hat. Die Spur wirkt wie ein Treueversprechen: Der sie hinterlassen hat, ist nicht habhaft, aber da.

Für die Indianer, die im Lande der großen Bären leben, gilt die Bärentatze als ein Glückszeichen. Wer sie findet, weiß sich beschützt, und man prägt den Abdruck der Tatze in Amulette und Schmuckstücke des täglichen Gebrauchs, um sich der Kraft und Klugheit des Bären zu vergewissern – seiner geistigen Präsenz. Die Tatze hat auch magische Bedeutung: Da Bären ihre Tatzen ausgiebig lecken, entstand der Eindruck, sie könnten Nahrung daraus saugen und sich so am Leben halten. Die Bärentatze als Lebenselixier: Dieser Glaube steckt wohl dahinter, wenn sie als ganz besondere Delikatesse galten und nach einer erfolgreichen Bärenjagd als Ehrengaben verschenkt wurden. Zwar finden wir hierzulande keine Bärentatzen mehr – außer als Gebäck –, dafür aber andere Bärenspuren.

Heilige und andere Namen

Wenn ich die Spur der Bärentatze mit der Fußspur des Gottes Krishna verglichen habe, war das sicher keine unangebrachte Überhöhung meines Lieblingstieres. In unserem überlieferten Wissen ist die Besonderheit dieses Tieres so tief eingeprägt wie seine Fußspur in den Sand. Mythen und alte Erzählungen bezeugen in einer beredten Sprache, daß der Bär die längste Zeit der Menschengeschichte als göttlich oder heilig galt, weil er für das Menschenleben so wichtig war.

Dafür gibt es auch einen überzeugenden sprachlichen Beleg: Wie in vielen Religionen der Name eines Gottes nur umschreibend genannt, niemals aber direkt ausgesprochen wurde – der Name galt als identisch mit dem Träger und beschwor diesen herbei –, so wurde von unseren Vorfahren der Name des Bären nicht verwendet. Für die Germanen, Kelten, Balten und Slawen war der Name des Herrn des Waldes so respekteinflößend, daß sie ihn umschreibend «den Braunen» nannten. «Bär» ist abgeleitet von indogerm. *BHERO, germ. beran, «der Braune»; desgleichen auch das englische Wort bear und das dänisch-schwedische björn. Keine Umschreibung benötigten offenbar die indogermanischen Völker, die ihm nicht ganz so nahe standen wie die Völker Nordeuropas, nämlich die Griechen und die romanischen Völker. Dort heißt er árktos (in der griech. Sprache ist das Wort für Bär weiblich!), ursus (lat.), ours (franz.) oder orso (ital.), Wörter, die auf indogerm. *RKTOS zurückgehen. Für diese Völker war der Name des Braunen kein Tabu. Daher konnte auch die schon genannte große Göttin der Wildnis bei den Griechen Ar(k)temis heißen oder das legendäre Urbild eines kraftvollen ritterlichen Königs Artus genannt werden! Sie hatten offenbar einen Bärenaspekt.[73]

Vom «Braunen» leiten sich, abgesehen von den schon erwähnten Städtenamen, mehrere Vornamen ab: Bernhard («stark wie ein Bär»), Bernhelm, Bernhold, Bernward («schützt wie ein Bär»), auch weibliche Vornamen wie Berlind oder Bernhild («im Kampf ein Bär»), schließlich Björn.[74] Von der eigentlichen indogermanischen Bezeichnung des Bären stammen die Vornamen Urs und Ursula ab.

Bärenspäße

Bären regen nicht nur meine Phantasie an, sie haben selber welche. Auf den folgenden Seiten geht es spielerisch zu, und wenn Sie, liebe Leser, manchmal nicht genau wissen, ob es jetzt Ernst oder Spaß ist, so gehört das dazu! Nehmen Sie die Bärenspiele «als ob...», denn wahr sind sie immer!

Ob Bären auch lachen können, weiß ich nicht, doch daß sie Phantasie haben und sich amüsieren können, scheint mir sicher. Folgende Geschehnisse haben nicht nur die beobachtenden Menschen, sondern sichtlich auch die Bären amüsiert. Einige ereigneten sich in der Wildnis, für andere sorgte der engere Kontakt zwischen Bär und Mensch in den Nationalparks. Helmut P. Heft hat die Bärenspäße miterlebt oder sie von Freunden erfahren:

«Dr. Fred Weber, einer meiner guten und unbedingt glaubwürdigen Freunde in Kanada, hatte auf Vancouver Island einen langen Tag vergeblich auf Hirsche angesessen und hockte noch, als der

Abend nahte, hinter einem Felsbrocken im Tsitika-Tal, als er auf dem Wildwechsel unverhofft einen Schwarzbären daherkommen sah. Es war einer jener gedankenversunkenen Wanderer. Der Bär fühlte sich ganz allein, wie Fred Weber berichtete. Kein Lufthauch trug ihm die Witterung des schußbereiten Jägers zu. Und als dieser ihn eben im Fadenkreuz seines Zielfernrohres hatte und abdrükken wollte, begann der immer noch ahnungslose Bär zu tanzen! Er hüpfte und drehte sich um sich selber, als er auf eine Stelle mit federndem, moorigem Untergrund trat, sprang hin und her wie Kinder, die ‹Himmel und Hölle› spielen, und schlug zum Abschluß einen Purzelbaum. Diese Aufwallung von Lebensfreude rettete ihn auch an diesem Abend, denn der Jäger brachte es nicht über das Herz, den Bären in dieser glückseligen Stunde zu töten...»[75]

Wie oft mögen sich solche glücklichen Bärenspiele ereignen, ohne daß ein Mensch Zeuge wird! Manche komischen Situationen entstehen aus dem Kontakt der Bären mit der Zivilisation:

«Auf einem Banffer Picknickplatz bewies ein ‹Zimtbär› technisches Know-how, als er sich zu uns an den Frühstückstisch setzte und ein Honigglas auswählte, das er in der Linken hielt, während er mit der Rechten – ohne hinzusehen – den Schraubdeckel in der richtigen Richtung öffnete. Als der rotbraune Schwarzbär den Honig mit langer Zunge zu sich genommen hatte, standen ein paar Dutzend rastende Reisende um ihn herum und ließen ihre Foto-Elektronik spielen. Doch als ein Japaner seine Schmalfilmkamera summen ließ, horchte der Bär – der womöglich an den Vergeltungsflug von Bienen dachte – beunruhigt auf, ließ vom gedeckten Tisch ab und floh auf das Dach eines amerikanischen Straßenkreuzers. Der wippte und wankte mit weicher Federung unter dem Vierzentnerbären, und als er auf dem Blechdach hin und her trat, um sich auszubalancieren, ergab sich daraus ein rhythmischen Wiegen, das ihn zu amüsieren schien. Schließlich beschleunigte der Bär den Takt, indem er wie auf einem Trampolin mit allen Vieren auf und ab sprang. Als sich im teuren Blech die ersten Dellen zeigten und der Autofahrer laut zu lamentieren begann, ließ sich der Bär gekonnt auf dem Hintern über die weit ausladende Windschutzscheibe hinuntergleiten und ging gemessen davon. Da applaudierten die Zuschauer frenetisch...»[76]

Die jungen Bären sind besonders aus aufs Amüsieren, doch auch die Altbären sagen nicht nein, besonders in Zeiten der Frühlingsgefühle. Wenn hier von «Bummel» die Rede ist, so meint der Autor einen wanderfreudigen Jungbären, der noch mit seiner Mutter und seinen Geschwistern zusammenlebt. Heft beobachtete ihn beim Lieblingsspiel aller Bärenkinder:

«Ich hatte die Hänge mit dem Glas nach Bummel abgesucht, der wieder seiner eigenen Wege ins Hinterland gegangen war und plötzlich hoch oben auf einer Zinne des Hügelkammes erschien. Er hangelte sich im Gestein ein paar Meter auf das steile Firnschneefeld herab und kam in wilder Fahrt auf dem Po heruntergerutscht. Auf der bereits vorhandenen Bahn und bei zunehmendem Gefälle kam er so mächtig in Schwung, daß der Schnee wie hinter einem Skiläufer aufstob und der Zweizentnerbär am Auslauf des Schneefeldes mit einem mehrfachen Purzelbaum auf der Alm aufsetzte. Die Geschwister machten sich zu stürmischer Begrüßung über ihn her, und danach stiegen sie zu zweit über den Firnschnee hinauf, wo es ein weiteres Gerangel gab, vermutlich um die Reihenfolge bei der Abfahrt.

Dann kam als erster Bummel in der Bahn herabgeschossen, diesmal aber auf dem Rücken liegend. Der andere kam in sitzender Haltung anfangs nicht recht in Fahrt, drehte sich und rutschte ein Stück bäuchlings mit dem Kopf voran, bremste weiter unten mit seitlich ausgestreckten Armen und prallte mit immer noch mächtigem Schwung auf den dritten Jungbären, der am Ende der Rutschbahn auf den Keulen saß. In wechselnder Folge wiederholten sie ihre Schlittenfahrt noch einige Male, die nicht nur ein Vergnügen der Kleinen ist. Nach glaubwürdigen Angaben sah man auch Grizzlies im gesetzten Alter in halsbrecherischer Talfahrt über Schneehänge und Gletscher sausen, besonders im Mai und Juni, wenn Liebesgefühle sie zu Übermut und Eile treiben...»[77]

Phantasie über den Bären als Lehrmeister

Gerne wäre ich bei Meister Petz in die Lehre gegangen und hätte durch Nachahmung von ihm gelernt! – Da dies leider nicht möglich ist, stelle ich mir vor, ich sei ein früher Mensch und hätte noch viel über das Leben zu lernen, auch in praktischen Belangen... Ein guter Lehrer paßt sein Unterrichtsprogramm dem Lernvermögen seiner Schüler an. So hat auch Meister Petz ein Stufenprogramm für seine Schülerin aufgestellt, das seltsamerweise unseren heutigen Lehrplänen ähnelt. Es beginnt mit dem Lernstoff zum nackten Überleben.

Dem Leser und der Leserin wird nicht entgehen, daß der Inhalt des «Lehrplans» dem realen Verhalten des Bären entspricht und nicht der Phantasie entspringt!

Bärs Lehrplan für das Überleben der frühen Menschen:

Grundstufe:
Die Menschenjungen sind wenig behaart, fast nackt. Bär stelle ihnen Felle zur Verfügung, sich gegen die Kälte zu schützen, und reichlich Bärenfett, ihre schmächtigen Glieder damit einzureiben und es zu verzehren.

Ferner lerne der Mensch, mit Bärenfellen seine Höhlen auszulegen, sonst ereilen ihn der Rheumatismus und die Schwindsucht. Bär zeige den Menschen, welche Pflanzen, Wurzeln und Früchte eßbar sind. Besonders unterweise Bär die Menschen in der Kunst, die genießbaren Pilze und Beeren von den giftigen zu unterscheiden.

Mittelstufe:
Bär lehre die Menschen, wie sie sich selbst schützen und in Höhlen zurückziehen können.

Wenn Gefahr von wilden Tieren droht, lerne der Mensch, schnell aufzubaumen und auf dem Baum zu verharren, bis die Gefahr vorüber ist.

Wichtig ist das Auffinden von Medizinkräutern, die dem Menschen bei seinen verschiedenen Leiden Heilung bringen.

Oberstufe:
Wenn die Menschenjungen gelernt haben, sich in der Wildnis zurechtzufinden, führe Bär sie in die höheren Genüsse des Lebens ein. Bär lehre sie das Tanzen, Schaukeln, Trampolinspringen, das Rodeln und die zügige Abfahrt auf Schneehängen. Nicht zu vergessen die Kunst, sich den süßen Honig aus den Bienenwaben zu holen, das Baden und das Duschen, indem Bär am Flußufer Weidenzweige unter Wasser drückt und sie dann hochschnellen läßt.

Ist der Mensch den Kinderschuhen entwachsen, gehe Bär in Frieden seiner Wege und verzichte auf das Schulgeld. Bär lebe in guter Nachbarschaft mit seinen Geschwistern, den Menschen, und achte ihre Wege.

Reifen mit Bärenhilfe –
Mensch und Wildnis

Gewiß ist es für viele Zeitgenossen und Zeitgenossinnen ein ungewohnter, wenn nicht gar abartiger Gedanke, zur Reifung ausgerechnet die Hilfe eines Bären in Anspruch zu nehmen. Wir zivilisierten Menschen mit unseren eingeübten Denkgewohnheiten haben es uns ganz abgewöhnt, die Natur und das Wilde «draußen» als für uns lebenswichtig zu werten und ihm Raum in unserem Leben zu geben.

Die Kinder stehen dem «Wilden» noch am nächsten und fühlen sich da zu Hause. Sie verspüren Sehnsucht, mit ihrer «Ursprungsfamilie», den Tieren, Berührung zu haben und wünschen sich Hunde, Katzen, Ponys oder Pferde; und wenn das aus «zivilisatorischen» Gründen in der Stadt nicht geht, dann wenigstens in den Ferien. Als Ersatz verschlingen sie leidenschaftlich Bücher und Filme über das Leben der Tiere. Oder sie holen sich die vermißte Wildnis ins Kinderzimmer und ins Bett in Gestalt der Plüschtiere, besonders des Vornehmsten unter ihnen, des Teddybären.

Doch möchte ich mit diesem Kapitel die Leser ermutigen, sich nicht so schnell mit Plüsch und Zelluloid abfertigen zu lassen, wenn es um die Fülle und den Reichtum des Menschseins geht. Unsere vitale Kraft beziehen wir noch immer aus der Natur, ohne sie gäbe es keine Kultur.

Die Initiation der «Bärinnen» in die Weiblichkeit

Die im ersten Kapitel erwähnte Initiation der jungen Mädchen unter dem Schutz der Göttin Artemis möchte ich noch einmal aufgreifen. In unserer Zeit gibt es kaum mehr lebendige Riten, die uns bei unseren Schwellenerfahrungen begleiten und deren tieferen Sinn für die Menschwerdung erschließen. Die noch vollzogenen Rituale wie Kommunion, Konfirmation oder Heirat dienen mehr dem formellen Ausdruck eines kirchlichen und gesellschaftlichen Status als der lebendigen Erfahrung, was solche Übergänge für die innere Entwicklung bedeuten. Außerdem fehlen für andere wichtige Schwellenerfahrungen entsprechende Rituale, zum Beispiel für Ehepartner, die wieder Singles werden, für Eltern, deren Kinder das Haus verlassen haben, oder für verwitwete oder verwaiste Menschen, die allein gelassen in eine neue Phase ihres Lebens eintreten. Riten könnten die Essenz einer neuen Lebensphase symbolisieren, so daß wir bewußter und kraftvoller in sie eintreten und mit ihr umgehen.

Die Natur kann ein guter Ort für ein solches Übergangsritual sein. Ihre Stille gibt uns Schutz für die Entfaltung unseres Wesens. Die jungen Griechinnen dienten in der Natur Artemis, der Bärengöttin. – Wie wir sahen, ist das griechische Wort für Bär, arktos, weiblichen Geschlechtes, dies weist wohl auf die alte Verbindung der Großen Göttin zum Bären hin.

Die arktoi – Bärinnen –, wie die jungen Mädchen hießen, standen nicht mehr unter den Normen des Stadtlebens; sie wuschen und pflegten sich nicht, kleideten sich in Bärenfelle und führten «wilde Reden». So wirkten sie bestimmt nicht attraktiv auf heiratsfähige Jünglinge.

In den schwierigen Jahren, in denen die jungen Mädchen zu Frauen wurden, diente das Bärenfell ihnen als schützende Hülle, als «Schutzmantel» des mütterlichen Helfertieres. Die Kindheit verbrachten sie im Schutz der persönlichen Mutter, die Entwicklungsjahre unter dem Schutz der Großen Mutter. So konnte sich die sexuelle Reife relativ ungestört und ohne verfrühte sexuelle Beziehungen vollziehen, und zugleich wurde die geistig-seelische Reife gefördert.

Dies mag für heutige Verhältnisse etwas «altbacken» klingen, da junge Mädchen großen Wert darauf zu legen scheinen, so attraktiv wie erwachsene Frauen zu wirken. Durch den ständigen Kontakt mit den für Erwachsene bestimmten Massenmedien und die Überflutung mit sexualisierten Bildern haben sie kaum noch die Möglichkeit, sich ihrem individuellen inneren Rhythmus entsprechend zu entwickeln; sie verhalten sich konform mit den meisten Mädchen ihrer Altersgruppe, um dazuzugehören und «in» zu sein.

Mir scheint, daß die Schwierigkeiten, die besonders Frauen mit dem Älterwerden und der zweiten Lebenshälfte haben, häufig in diesen fehlenden «Jahren der Bärin» liegen: Sie konnten ihre Persönlichkeit nicht ganzheitlich unter dem Schutzmantel der Natur entwickeln und folgten zu früh dem gesellschaftlichen Rollenbild der vorwiegend auf den Mann bezogenen Frau. Ihren Selbstwert erhielten sie vor allem durch die Anerkennung des Mannes, nicht durch ihre eigenen Begabungen und die weibliche Persönlichkeit. Solche Frauen, denen kein «Bärenfell» vergönnt war und die zu früh in sexuelle Beziehungen «hineinfielen», können «schon mit dreißig Jahren alt und verbraucht sein», schreibt Marie-Louise von Franz.

> «Solche Frauen können sich geistig nicht mehr entwickeln, denn die vitale Substanz ist erschöpft; sie sind nur noch alte müde Weiber. ... Ich habe lange Zeit Buben und Mädchen dieses Alters unterrichtet und habe beobachtet, daß die Mädchen, die mit einem solchen Bärenfell herumlaufen, viel lebendiger und interessierter in der Schule waren; ... sie hatten eine bessere Möglichkeit, eine gewisse Persönlichkeit zu entwickeln, als die, die sich zu früh der sexuellen Seite zuwandten.»[78]

Aus meiner eigenen langjährigen Erfahrung als Gymnasiallehrerin kann ich diese Beobachtungen voll und ganz bestätigen. Gewisse Schülerinnen lebten und genossen ihre Bärenhaut in einer «Ersatzwildnis»: im Pferde- oder Ponystall und beim Reiten!

Das Märchen von Schneeweißchen und Rosenrot

Dies Märchen der Gebrüder Grimm erzählt von zwei Schwestern, die im gleichen Alter wie die jungen «Bärinnen» sind und auch sonst einiges mit diesen gemeinsam haben. Allerdings legt der Beginn des Märchens das noch nicht nahe: Da wird ausführlich beschrieben, wie ordentlich und brav die Schwestern im Häuschen ihrer verwitweten Mutter leben: «Sie waren aber so fromm und gut, so arbeitsam und unverdrossen, als je zwei Kinder auf der Welt gewesen sind.» Sie gleichen den beiden Rosenbäumchen im Garten und sind nach diesen benannt. Auch haben sie einander unzertrennlich lieb und teilen alles miteinander, wie es die Mutter verlangt. Und: «Schneeweißchen und Rosenrot hielten das Hüttchen der Mutter so reinlich, daß es eine Freude war, hineinzuschauen.» Mit ihnen leben die Sanftesten der Sanften, ein Täubchen und ein Lämmchen. Fast möchte man das Buch zuschlagen bei solchen idealisierten Verhältnissen dreier weiblicher Wesen, wie sie das wirkliche Leben nun einmal nicht kennt – wenn da nicht auch eine andere, wilde Seite wäre. Die beiden Mädchen sind gern und oft allein im Wald, pflücken Beeren und treiben sich herum, während sich die Tiere ihnen zutraulich nähern. Ja, oft übernachten sie sogar dort draußen und nicht im reinlichen Kämmerlein ihrer Mutter! Da ist auch ein guter Geist in Engelgestalt, der die Kinder vor Unfällen behütet und sie davor bewahrt, im Dunkeln in einen nahen Abgrund zu stürzen. – So sieht es jedenfalls die Mutter und hat Vertrauen.

Doch da ist noch ein guter Geist im Wald, der sich den Kindern allerdings nicht in seinem grünen Reich zeigt, sondern zur Winterzeit um Einlaß in die warme Stube bittet: ein Bär. – Die Wildnis kommt ins Haus! Sie wird integriert, darf am Feuer liegen und sich wärmen. Mit dem Besen (!) kehren die Mädchen den Schnee aus seinem Pelz, und nach einer Weile kommt kindlicher Mutwille über sie: Sie machen sich über den vergnügt brummenden Gast her, zausen ihm das Fell, treten auf seinen Rücken und «walgern ihn hin und her», ja schlagen ihn mit einer Haselrute, «und wenn er brummte, so lachten sie.» Das klingt nun schon eher nach zwei wilden Rangen und macht die Mädchen sympathisch. Sie werden so wild, daß der Bär um Schonung bittet: «Ihr schlagt euch noch den Freier tot!»

So bleibt er all die kalten Winternächte in seiner bequemen, warmen Frauen-Höhle, und tagsüber verschwindet er im Wald. Doch als die Zeit Schneeweißchens, der Winter, herum ist und Rosenrots Zeit, der Frühling, anbricht, verläßt sie der Bär. Er muß im Wald seine Schätze vor den bösen Zwergen hüten, die stehlen und alles Kostbare in ihren Höhlen horten.

An ihrem Umgang mit dem Bären zeigt sich, daß in den Mädchen auch etwas von den jungen «Bärinnen» steckt, ein Zug, der sich später noch verstärkt. Im Bären aber steckt ein Mensch, wie er den Mädchen indirekt verraten hat: ihr Bräutigam.

Die Handlung des Märchens spielt von nun an in der Wildnis des Waldes, der Heimat des Bären und auch seines Gegenspielers, eines boshaften, habgierigen Erddämons.

Statt mit ihrem Bären-Prinzen bekommen die Mädchen es nun mit dieser negativen Figur zu tun. Doch naiv und mitleidig, wie sie sind, versuchen sie dreimal, ihn vor dem nahen Tod zu retten, was er ihnen jedesmal mit Gehässigkeiten und Flüchen lohnt. Sie wissen nicht, daß dies der Gegenspieler ihres Bären ist, der dessen Schätze hortet. Als brave Töchter helfen sie ihm, ohne nachzudenken, und lassen sich obendrein noch beleidigen. Doch die Art und Weise, wie sie das anpacken, weit weg von der Mutter, beweist ihre Selbständigkeit und ihren Mut. Sie raufen sich sogar mit einem Adler, um den Zwerg zu befreien. Den kleinen «Bärinnen» gleich, sind sie verbunden mit einer naturhaften weiblichen Energie, wie sie die Bärengöttin verkörpert.

Als die Mädchen den Zwerg in flagranti erwischen, wie er seine Schätze ausbreitet, und sich wieder von ihm beschimpfen lassen, kommt der Bär aus dem Wald und greift endlich durch: Er erledigt den Zwerg mit einem Prankenhieb. Der Tod des Dämon löst den Zauber, der auf dem Bären lag, und dieser kann sich nun den Mädchen in seiner wahren Gestalt zeigen: als ein «schöner Mann, ganz in Gold gekleidet», der Sohn des Königs.

Das Dasein der Mädchen als kleine «Bärinnen» endet nun mit ihrer Hochzeit: Schneeweißchen, die Winterliche, heiratet den Bärenprinzen, Rosenrot dessen Bruder. Es ist eine ganz besondere Art von «Bärenhochzeit»: Ein Prinz, der als Bär lernen mußte, endlich einmal durchzugreifen und zur rechten Zeit zuzulangen, wenn ihn ein böser Geist tyrannisiert, verbindet sich mit einem Mädchen, das aus seiner naiven Bravheit durch ein Bärinnenleben in der Natur herauswächst und sich durchzusetzen lernt. So konnten ein weibliches und ein männliches Ich in Ruhe erstarken, bis «die Zeit erfüllt war».

Sehnsucht nach der Wildnis

Und wie geht es dem Jungen, dem Adoleszenten und dem reifen Mann mit den Bärenjahren und der Wildnis? Jungen spielen oft Indianer oder Cowboy, treiben sich draußen herum (heute leider oft drin vor dem Videogerät) und erfinden neue wilde Spiele, bei denen sie Banden bilden und Leute anpöbeln. Sie gebärden sich rauh und laut und erregen wegen ihrer rohen Bären-Kräfte und derben Sprüche Anstoß.

Vor einiger Zeit erzählte mir ein amerikanischer Freund, in den USA sei ein neuer Männertyp im Kommen: der «wilde Mann». Dieser kümmere sich wenig um gesellschaftliche Gepflogenheiten und die Frauen, sei lieber allein «draußen», lasse Haupthaar und Bart wachsen. Er sei ein Freund der Natur und der wildlebenden Tiere, um deren Schutz er sich bemühe. Sind dies später nachgeholte «Bärenjahre?» Oder folgen diese Männer einem inneren Ruf, die äußere und innere Wildnis und ihre erneuernde kreative Kraft nicht zu vergessen?

Auch für den Großstädter, der es nicht wahrhaben will, ist die Natur noch immer die Große Mutter und schöpferische Quelle des Lebens; vom Baumaterial unserer Häuser bis zum Waschwasser und den Lebensmitteln nehmen wir alles von ihr, wenn auch manchmal ihre Gaben bis zur Unkenntlichkeit denaturiert oder verpackt sind. Ab und zu für ein paar Stunden, Tage oder Wochen «draußen» sein zu können, die Elemente, die Erde und ihre Lebewesen unmittelbar zu spüren und instinktiv, intuitiv mit ihnen verbunden zu sein – das kann eine tiefe, heilende und schöpferische Erfahrung werden. Ich persönlich beziehe aus solchen «Bärenzeiten» eine Menge Energie, Freude und neue Ideen.

In einem engen Land wie dem unseren, in dem jeder Quadratmeter jemandem gehört, ist es nicht leicht, unberührte, wilde Natur anzutreffen. Die Spuren des Menschen finden sich nahezu überall. Doch ist es auch eine Frage der inneren Einstellung, wo für mich die «unberührte Natur» anfängt und was ich unter «Wildnis» verstehe.

In den Vereinigten Staaten erlebte ich einsame Tage und Nächte in der Wildnis einer wüstenähnlichen Natur. Das war ein unvergeßliches Erlebnis, der völligen Einsamkeit und Stille «ausgesetzt» zu sein: auf einer kargen Erde, die mir doch alles bot, so daß ich mich ihr mit Freude anvertrauen konnte. Nur einige gefüllte Wasserkanister hatte ich mitgebracht. Unter den Ästen zweier uralter, ineinander verwachsener Bäume, einem Pinyonbaum und einem Wacholder, fand ich einen Unterschlupf und eine weiche Matratze aus trockenen Wacholdernadeln; die Tiere hatten sich schnell an mich gewöhnt. Ich erlebte anrührende und heitere Begegnungen mit Salamandern, Wüstenmäusen, Erdhörnchen und einem Vogelschwarm, der sich immer kurz vor Sonnenuntergang bei mir einfand und sich kreischend von «meinem» Bergkamm ins Tal fallen ließ. In gebührender Distanz gab es auch Koyoten. Schon während des Begrüßungsrituales an meinem Platz gesellte sich ein Kolibriweibchen zu mir und kam mehrmals täglich ganz dicht herangeflogen, sichtlich neugierig, was die neue Nachbarin den ganzen Tag trieb. Es hatte sein Begrüßungslied, und ich antwortete mit: «Kommt ein Vogel geflogen...». Schon die Erlebnisse mit diesem Vogel gäben Stoff genug für ein Märchen – ein selbst erlebtes!

Ich kann und will nicht immer nach Amerika fliegen, um Wildnis zu erleben, also stelle ich mich auf die kleinen Wildnisse in meiner Umgebung ein und suche sie. Die Wirkung ist ähnlich wie in der «großen» Wildnis: Ich trete in einen Raum mit seinen eigenen Gesetzen und Spielregeln, erfüllt von Lebewesen, die eng miteinander vernetzt sind in einem lebendigen Austausch (Biotop heißt wörtlich «Lebensort»!), einen Raum, zu dem die vier Elemente gehören wie die Zeitrhythmen, die Düfte, Farben und Formen. Vor allem erlebe ich in einem solchen Natur-Raum eine eigene Zeitqualität, die sich von dem üblichen Zeitgefühl des Alltagslebens wesentlich unterscheidet. War mein Zeiterleben in der Wüste geprägt von den großen Rhythmen Tag und Nacht sowie dem jeweiligen Sonnen- und Mondstand, so wird es in der «kleinen» Wildnis von der Bewegung der Lebewesen bestimmt, die ich wahrnehme. Es entspannt und tut gut, sich zugehörig zu fühlen zu diesem «Lebensort» und einmal nicht der «Macher» zu sein, der die Natur seinem Willen und seinen Vorstellungen unterwirft. Hier gilt nicht der Slogan der Menschenwelt: «Zeit ist Geld», sondern: «Zeit ist Leben».[79]

Bär und Bärin als hintergründige Begleiter menschlicher Entwicklung

Träume und Trance-Erfahrungen heute

Dies Kapitel könnte auch überschrieben sein mit: «Die Bärin im Rücken – Rückenstärke für das werdende weibliche Ich», und auf den Mann bezogen: «Stärke im Bärenfell – Männliche Kraft aus dem Bärengeist.»

Die hier berichteten Träume und Trance-Erlebnisse von Frauen sind Variationen des einen Themas, daß die Gegenwart der Bärin den Frauen einen sicheren inneren Geleitschutz bot, wenn es um ihr Lebensthema ging: Wer bin ich? Wie finde ich zu meiner individuellen weiblichen Begabung und Kraft? Die Bärin erscheint hier als Stellvertreterin der Göttin, eines heiligen Aspektes des Weiblichen, der in unserer einseitig männlich bestimmten Religion keinen Platz hat und kaum Ausdruck findet. Den Frauen fehlt ein großes naturhaftes weibliches Symbol des Selbst, das sie bei ihrer psychologischen und spirituellen Entwicklung begleitet und führt. Marie-Louise von Franz, Psychoanalytikerin und Schülerin C. G. Jungs, bedauert, daß es kaum schriftliche Zeugnisse von Frauen gebe, die deren inneren weiblichen Weg unter der Führung einer göttlich-kosmischen Kraft beschreiben. Entsprechende Zeugnisse von Männern gibt es in Fülle, in denen es um die innere Begegnung mit der allumfassenden Göttin der Natur oder der Gottesmutter geht. Marie-Louise von Franz schreibt: «Im Erfahrungsbereich moderner Frauen tritt dieser Inhalt am häufigsten als eine Art von Erdmuttergöttin auf.»[80] In unserem Fall erscheint die Kraft aus der Tiefe als eine tiergestaltige göttliche Erdmutter: eine Bärin.

Die Bärin als Hüterin des Wandlungsfeuers der Seele

Eine Frau träumte während einer tiefen Identitätskrise von einer Bärin:

Sie sieht sich selbst im Traum über einen uralten Friedhof gehen und schließlich in eine unterirdische Grabhöhle gelangen. Zunächst nimmt sie dort nur einen Steinaltar wahr, auf dem ein riesiges, gelbrotes Feuer lodert. Auch Schmiedewerkzeuge findet sie dort, so daß sie glaubt, in einer uralten Schmiedewerkstatt angekommen zu sein. Sie muß diese Höhle im Traum noch ein zweites Mal besuchen und findet nun zu ihrer Verwunderung einen «großen aufgerichteten braunen Bären» neben dem Altar. «Wir schauen uns lange an, und ich spüre seine starke Ausstrahlung. Ich denke: Du bist also die geheimnisvoll wirkende Kraft hinter dem Schmiedefeuerprozeß.»[81]

Die Träumerin erlebte die Gestalt des Bären als weiblich. Das «kuschelige» Fell und die mütterliche Wärme des Tieres vermittelten ihr ein Gefühl des Schutzes, doch empfand sie auch Furcht und Bewunderung für die «dunkle instinkthafte, wilde Triebnatur dieses Tieres.» Die dunkle Seite gehört zum Wesen der Göttin Artemis, wie die Träumerin später für sich erkannte. Ihr erschloß sich eine in ihrer seelischen «Höhle» verborgene schöpferische weibliche Kraft, die große Bärin als «Initiationsmeisterin und Herrin des Schmiedefeuers in der Tiefe».[82] In der Träumerin wuchs durch diese göttlich-weibliche Kraft in ihrer inneren «Schmiedewerkstatt» allmählich ein neues Bewußtsein weiblicher Identität und Energie, «eine lebendige Wiederverbindung mit dem Urgrund des Weiblich-Mütterlichen». Sie hatte ihren Kinderglauben an einen allmächtigen Vatergott verloren, denn durch diesen war ihr eigenes Wesen abhanden gekommen. Ihr Selbstwertgefühl konnte langsam heilen, als sie die weibliche Seite des Göttlichen als vermittelnde, schöpferische Kraft in ihrer eigenen Seele kennenlernte. Die Bärin entpuppte sich als ein mächtiges Schutz- und Krafttier, das in der Seelenhöhle das Wandlungsfeuer bewachte, aus dem ein gestärktes und lebensfähiges weibliches Ich hervorgehen sollte.

Blicken wir von dieser Seelenbärin noch einmal auf eine reale Bärenmutter: Diese sorgt dafür, daß ihre winzig kleinen Jungen in kurzer Zeit selbständig und groß werden. Sie galt, wie wir wissen, als eine Magierin, die durch ihr Lecken aus etwas Ungeformtem, Unbestimmtem in Kürze ein vollständiges, wohlgeformtes Wesen zauberte. Das heißt, sie verkörpert eine schöpferische weibliche Energie und ist eine Beschützerin des werdenden Ich.

Die unterirdische Höhle dieses Traumes ist wie die Höhle des Zeus der angemessene Ort für die Erdmuttergöttin und ihre bärengestaltige Vertreterin: ein Geburtsort für das weibliche Ich.

Im nächsten Traum ist dieser Ort in der Tiefe ein Kellergewölbe, «niedrig wie eine Höhle».

Traum-Bärinnen – mütterlich und schwesterlich

Eine etwa vierzigjährige Frau durchlebt eine schmerzliche längere Trennung von ihrem Freund und wird dadurch an frühe Verletzungen durch ihre Mutter erinnert. Diese war gefühlskalt und zwanghaft und lehnte die vitalen Wünsche ihrer kleinen Tochter ab. Als sich die Frau intensiv mit dieser alten Erfahrung der Abhängigkeit und ihrer Angst vor neuerlicher Ablehnung auseinandersetzt – ausgelöst durch die längere Trennung von ihrem Freund –, träumt sie:

«Ich bin in einem Keller und suche etwas – weiß nicht, was. Es ist viel Gerümpel da und große Steine – Reste von

Mauern? Plötzlich wird die Decke sehr niedrig, wie in einer Höhle. Ein Bär kommt. Ich habe Angst, aber der Bär sieht gutmütig aus und brummt. Dann dreht er sich zu mir, hebt ein Bein und pinkelt mir ins Gesicht. Ich freue mich und sage: danke, lieber Bär! Dann legt sich der Bär auf eine Steinplatte, faltet die Tatzen über der Brust und schläft ein – er schnarcht.»

(Nach einer längeren Wanderung durch den Keller gelangt die Träumerin mit einem Gefühl der Befreiung ins Freie.) Der Anfang des Traumes spiegelt die derzeitige Erfahrung der Frau wider, durch ihre alten Ängste – das überfällige Gerümpel und die Mauerreste im Keller – noch einmal hindurchgehen zu müssen. Die Decke ihres Seelenkellers kommt ihr fast auf den Kopf, sie fühlt sich eingeschränkt und unsicher. Da kommt der Bär – nach ihrer Aussage eine Bärin. Das gutmütige Tier setzt sich über menschlichen Anstand hinweg, hebt ein Bein und belegt sie mit seiner Duftmarke, als wolle es sagen: du bist mein! Die Träumerin erlebt das zu ihrem Erstaunen als in keiner Weise herabsetzend – ganz im Gegensatz zu den harten Normen und der zwanghaften Sauberkeit ihrer Mutter. Sie freut sich sehr über diese Zuwendung der Bärin und bemerkt, daß ihre Mutter sie dafür als charakterlos verachtet hätte.

Die gegenseitige Liebesbezeugung von Bärin und Träumerin endet damit, daß sich die Bärin vertrauensvoll zum Schlaf im «Seelenkeller» der Träumerin niederläßt.

Nach diesem Traum wußte sich die Frau in ihrer weiblichen Energie gestärkt: Sie hatte die Große Mutter als Bärin in sich und fühlte sich dadurch nicht mehr so abhängig von der «kleinen» persönlichen Mutter und von dem, was diese ihr vorenthalten hatte. Wenn die Große Mutter eine Frau wissen läßt: «Du bist mein!», dann kann diese auch ihren Freund für eine Zeit ziehen lassen, ohne den Boden unter ihren Füßen zu verlieren.

Im Traum einer anderen Frau drückt sich dies «Du bist mein!» auf eine sehr innige, feierliche Weise aus. Die Träumerin begegnet darin einer großen Bärin in deren Reich, der Wildnis:

«Ich lag im Steppengras irgendwo neben einer großen Bärin, war ihr Baby und saugte an ihren Zitzen. Es ging darum, wie unsere Kommunikation besser werden könne, und es war klar, daß nun die Bärin umgekehrt an meinen Brüsten saugen müsse. Das gelang auch, war sehr süß, intim und bewegend. Etwas Großes und Feierliches schien damit gelungen.»

An diesem großen Traum empfinde ich als besonders anrührend, daß hier die Tiermutter zur Tierschwester wird. Aus der anfänglichen Abhängigkeit des Babys von der Bärenmutter erwächst eine Begegnung zweier weiblicher Wesen auf weibliche Art. Die Zeichen des Friedensreiches, des Paradieses erscheinen in diesem Traum. So wie dort «der Wolf beim Lamme wohnen wird», so liegen in intimer Freundschaft, zärtlich und vertrauensvoll, Bärin und Menschenfrau beieinander und nähren sich gegenseitig. Hier ist wirklich etwas Großes und Feierliches gelungen: Die Schranken der Angst und des Herrschaftsanspruches über die Kreatur sind hinfällig geworden. In diesem weiblichen Paradies gibt es kein oben und unten, keine Herrscher und Beherrschten, sondern eine Verbundenheit durch Sympathie und Beziehung: «Es ging darum, wie unsere Kommunikation besser werden könne.» Zwischen allen Ebenen der Schöpfung entsteht Vertrauen und ein Austausch im Geiste der Geschwisterlichkeit.

Die Träumerin bemerkte zu ihrem Traum, daß sie beim Aufwachen «nur staunen» konnte. Solche großen Träume entstammen, wie die alten Erzählungen und Mythen, einem tieferen und umfassenderen Seelenraum als unsere normalen, auf das Alltagsgeschehen bezogenen Träume: dem kollektiven Unbewußten. Sie enthalten eine Bildsprache und eine Botschaft, die über unser persönliches Leben hinausreichen. Daher nannte sie Jung auch «große Träume». Wenn wir über einen Traum «nur staunen» können, könnte dies ein Zeichen sein, daß uns ein großer Traum geschenkt wurde.

Auch wenn wir den letzten Traum auf einer mehr persönlichen Ebene der Träumerin interpretieren, bleibt seine «große» Bedeutung erhalten. Das Traum-Ich sucht die intime Nähe eines wilden Tieres, von dem es zunächst genährt wird; dann aber, um die beiderseitige Beziehung zu verbessern, nähren sie sich gegenseitig und geben einander Kraft. Für eine Intellektuelle wie die Träumerin könnte das bedeuten, daß zwischen ihrem Bewußtsein und ihrem instinktiven und triebhaften Seelenbereich eine enge, nährende Verbindung besteht. Im Traum wird die Spaltung zwischen «Kopf und Bauch», unter der so viele moderne Menschen – Männer wie Frauen – leiden, dadurch aufgehoben, daß sich beide Bereiche gegenseitig mit Energie versorgen.

Durch den Bärengeist zum starken Krieger werden

Die genannten Frauen erfuhren sich durch die Präsenz ihrer Traumbärin in ihrer Weiblichkeit gestärkt und unterstützt. In schamanistischen Kulturen wurden seit Jahrtausenden Methoden entwickelt, die zusätzlich zu den Träumen einen Weg zur inneren Bärenkraft bahnten: Wenn die Medizinleute oder Schamanen diese Kraft in sich entwickeln wollten, «tanzten» sie den Bären. Sie rieben ihren Körper mit Bärenfett ein und zogen sich ein Bärenfell über, oft auch eine Bärenmaske. Mit Hilfe akustischer Mittel – Rasseln und Trommeln – und bestimmter Körperhaltungen gelangten sie in einen Trancezustand. Sie bewegten sich in bestimmten schaukelnden Tanzschritten, bis der Geist des Bären sie ganz durchdrungen hatte. Wenn sie dann nach Bärenart brummten und brüllten, wußten die Anwesenden, daß sie mit dem Bärengeist eins geworden waren. Ein äußeres Zeichen dafür waren die «übermenschlichen» Bärenkräfte, über die sie dann verfügten.

Eine Generation erzählt es der nächsten weiter, wie der Bärentanz entstanden sein soll. Die Arikara oder Sioux in Nordamerika erzählen, daß der Bärentanz wegen der innigen verwandtschaftlichen Beziehung von Bär und Mensch eingeführt wurde: Ein Vater hatte unterwegs ein Bärenjunges gefunden, das er mit Liebe und Achtung gestreichelt und dem er als Zeichen der Freundschaft einen Beutel mit geweihtem Tabak umgehängt hatte. In dieser Zeit erwartete er die Geburt seines eigenen Kindes und betete, daß die Bärenmutter es segnen möge. Dies Kind wurde ein Knabe, der sich wie ein Bär benahm. Er wurde ein besonders starker und mutiger Krieger und fiel im Kampf gegen die Komantschen. Da fanden die Bärin und das nun erwachsene Bärenjunge den Toten und erkannten ihn wieder. Der Bär betete zum großen Vater um Sonnenschein, damit er den Toten wieder zum Leben erwecken könne, denn er hatte die Macht dazu. Als die Sonne durch die Wolken brach, schmiegte er sich dicht an den Toten und wärmte ihn, bis der junge Mann wieder zum Leben erwachte. Die Bären pflegten ihn gesund. Er blieb noch bei ihnen, um ihre Geheimnisse kennenzulernen, denn kein Tier ist so klug und erfahren wie der Bär. Als es Zeit war für den jungen Mann, in sein Lager zurückzukehren, versprach der Bär, er werde weiter für ihn sorgen, wenn auch er seinen Bruder Bär nicht vergesse. Der junge Mann werde gleichzeitig mit ihm altern und sterben, denn «du bist ein Teil von mir». Zum Abschied umarmte er ihn und berührte ihn mit der Schnauze, denn sein Fell sollte dem jungen Mann Größe geben, seine

Tatzen sollten ihm Bärenstärke verleihen und seine Schnauze einen Mund voller Weisheit. Die Worte des Bären erfüllten sich. Er wurde der größte Häuptling der Arikara und führte den Bärentanz ein, damit die liebevolle Verbundenheit von Mensch und Bär lebendig bleibe.[83]

Erzählungen wie diese werden in unserer Denktradition gern als «Märchen» und damit als unwahr bezeichnet, weil wir sie schwer einordnen können. Uns fehlt der spirituelle Erfahrungsraum, in dem solche Erzählungen entstehen: der mystische Erfahrungsbereich der Visionen und Schwellenerlebnisse. Ein Mensch, der selber solche inneren Erfahrungen gemacht hat, wird diese indianische Erzählung unschwer als einen Erfahrungsbericht von dieser anderen Bewußtseinsebene erkennen.

Wie können wir diese Seelensprache ein wenig entziffern? Bemerkenswert ist, daß der junge Mann zwei Leben lebte. Das erste stand unter der geistigen Verbindung, die sein Vater mit dem Bärenjungen in liebevoller Achtung hergestellt hatte, und mit der sich der junge Krieger identifizierte, so daß er sich selbst einen Bären nannte. Beide, Vater und Sohn, hatten die Bärenverbindung selbst gewählt und durch ihr Denken und Tun eingeleitet. Mit dem «Tod» des jungen Mannes als tapferer Kämpfer endet dieses Leben.

Wenn Schamanen oder andere charismatische Persönlichkeiten von ihrer Erwählung oder Initiation erzählen, berichten auch sie, daß sie zwei Leben gelebt haben, eines «davor» und eines «danach». Das zweite, «eigentliche» Leben beginnt damit, daß eine innere oder höhere Macht den betreffenden Menschen ruft und erwählt. Das verlangt von ihm eine völlige Neuorientierung und die Umkehrung seiner Werte, den «Tod» seines bisherigen Lebens. In unserer Erzählung «stirbt» der junge Krieger: sein «Bärenbruder» und dessen Mutter finden ihn und erwecken ihn zu neuem Leben, einem Leben aus dem Bärengeist, denn nun haben *sie* ihn erwählt!

Die Erweckung aus dem Tod setzt in unserer Erzählung die Gegenwart des Sonnenscheins voraus. – Der Bär als Sonnentier lebt mit der Sonne und aus ihrer Kraft (erinnert nicht die Fellfarbe der «goldenen» Grizzlies daran?). Hier erleben wir das Mysterium der Lebenserneuerung des Menschen durch den Bären mit, was immer wieder geschieht, seit den realen Erlebnissen des Frühmenschen und bis in die Träume und Visionen unserer Zeit.

> «Dem Bärenkult liegt eine mit dem Weiblichen verknüpfte Vorstellung von Geburt, Wachstum, Vergänglichkeit und Wiedergeburt zugrunde, denn die Bärin ist das Symbol der Erneuerung schlechthin.»[84]

Zu dieser Erneuerung des Lebens gehört die Heilung. In unserer Erzählung pflegen die Bären den jungen Krieger gesund. Schon immer wird dem Bären Heilwissen zugetraut, und sicher zu Recht. Wie wir sahen, kennt er Heilkräuter und die heilende Wirkung der Lebensführung, die sich dem Rhythmus des Jahreslaufes anpaßt: eine extravertierte, aktive Phase im Wechsel mit einer introvertierten, empfänglichen Zeit. Im nächsten Kapitel werden wir dem Bären als Heiler noch einmal begegnen.

Schließlich wird durch diese Erzählung der Arikara deutlich, daß Rituale und Zeremonien wie die des Bärenkultes eng mit dem mythologischen Wissen einer bestimmten Menschengruppe verbunden sind. Als sich der junge Krieger von seinen Bärenverwandten verabschiedet, wird der Bund zwischen den beiden durch den Segen des Bären besiegelt, der ihn mit seinem Fell als dem Zeichen der Größe und Macht umhüllt – aus diesem Grund hängen sich seither die Bärentänzer das Fell um und schlüpfen in die Bärenhaut.

Das Ritual, daß sich gewisse Krieger in Bärenfelle hüllen, um sich mit dem Bärengeist zu verbünden, kennen wir auch aus der germanischen Überlieferung. Die sogenannten

«Berserker», die «Bärenhäuter», wurden dadurch von einer solchen Kraft und Kampfwut ergriffen, daß sie sich ohne Waffen in die Schlacht stürzten und ihre Feinde blindwütig töteten – wenn diese nicht in heillosem Schrecken das Weite suchten.[85] Die Berserker galten als Gefolgsleute des Gottes Odin/Wotan, eines Kriegsgottes mit schamanistischen Zügen.

Als zweites segnete der Bär den Indianer mit dem Abdruck seiner Tatzen, einem indianischen Symbol des Glücks und Wohlergehens, und schließlich berührte er den Mund des jungen Mannes mit seiner Schnauze, um ihm den geistigen Hauch der Bärenweisheit zu verleihen.

Mit diesen Segensgaben ausgestattet, wurde der Krieger ein hochgeschätzter Häuptling der Arikara und wohl auch eine schamanistische Persönlichkeit, die den Bären als inneren Begleiter und als Krafttier bei sich hatte. Ihm zu Ehren stiftete er das Ritual des Bärentanzes, wie auch Schamanen häufig ein Lied oder einen Tanz aus ihren Initiationserfahrungen mitbringen und an ihre Menschengruppe weitergeben – als Geschenk der «anderen», nicht-alltäglichen Wirklichkeit.

Rückenstärke – Der Bär in Trance-Erfahrungen

Der Arikara-Häuptling erlebte sich selbst als «alter ego» – als zweites Ich – des Bären, denn beiden war das gleiche Lebensmaß zugemessen, und gemäß der Prophezeiung des Bären alterten und starben sie zu gleicher Zeit. Ein solches Krafttier als inneren Bruder oder innere Schwester bei sich zu haben verleiht den betreffenden Menschen große persönliche Kraft und Beglückung, denn das sonst Getrennte – Instinkt und Verstand, Tier- und Menschenweisheit – ist in ihrem Wesen vereinigt. Einen Hinweis auf diese Ganzheit enthielt auch der zitierte Traum, in dem die Träumerin sich neben der Bärin liegen sah.

In einem Grizzlybär-Lied der Tlingit (amerikanische Nordwestküste) ist die Sehnsucht danach künstlerisch gestaltet, und offensichtlich ist es dem Sänger gelungen, deren Erfüllung in einer Trance-Erfahrung zu erleben:

«Wuh! Bär! Wuh!
So sagst du:
Wuh Wuh Wuh!
Du kommst

Du bist ein schöner junger Mann
Du Grizzlybär
Du kriechst aus deinem Pelz heraus

Du kommst...
Ich werfe Schmalz ins Feuer (als Opfer)

Für dich, Grizzlybär
Wir sind eins!»[86]

Der Sänger will Bär werden, denn im Bären lebt ein Mensch, schön und jung. Dies bedeutet keinen Rückfall in eine untermenschliche, animalische Seinsform, sondern es wird eine Steigerung des männlichen Wesens beschrieben, ein geistiger Akt: Der Bär ist ja Kulturbringer, Beschützer und Wandler – ein Geistmensch. Wer sich in dies mythische Tier verwandelt, wird erhöht und mit einer besonderen Macht ausgestattet. Durch die Vereinigung in der Ekstase erlebt er eine Euphorie und eine tiefe Erneuerung aus den Wurzeln des Seins. «Man fand wieder die Spontaneität, die Freiheit, die ‹Sympathie› mit allen kosmischen Rhythmen und damit Seligkeit und Unsterblichkeit», schreibt der profunde Kenner des Schamanismus Mircea Eliade.

«Man darf nicht vergessen, daß die Beziehungen des Schamanen (wie überhaupt des primitiven Menschen) zu den Tieren geistiger Ordnung sind und von einer mystischen Intensität, die wir in unserer modernen, säkularisierten Mentalität uns schwer vorstellen können... Es kommt darauf an, was sie fühlten, wenn sie sich als Tier verkleideten.»[87]

Sind «unserer säkularisierten Mentalität» solche Erfahrungen ganz und gar unzugänglich? Seit Eliade 1951 dies Buch veröffentlichte, ist einiges geschehen, das tüchtig an den Toren des säkularisierten Bewußtseins gerüttelt hat und dieser einseitigen Mentalität neue spirituelle Erfahrungsräume entgegenzusetzen vermag. Vielen Menschen – auch mir selbst – erschloß sich der Sinn der alten Traditionen durch eigenes Neu-Erleben – also nicht nur denkerisch-distanziert, sondern ganzheitlich.

Solche Erfahrungen haben auch experimentellen Charakter: Es sollen nicht nur subjektive Erfahrungen, sondern veränderte Bewußtseinszustände und die dazugehörigen physiologischen Begleiterscheinungen erforscht werden.[88] Die Anthropologin Felicitas Goodman (New Mexico) könnte nach ihren jahrzehntelangen Forschungen gewiß ihr eigenes «Bärenlied» anstimmen: Gerade mit dem Bärengeist hat sie viele bewegende, intensive Erfahrungen gesammelt und aufgezeichnet. Sie interessiert sich besonders für bestimmte Körperhaltungen und Gebärden, die seit Menschengedenken bei den Meisterinnen und Meistern der Trance und Ekstase bekannt waren und bis heute genutzt werden.

Besonders die sogenannte «Bärenhaltung» (Abb. S. 145) ist überall dort verbreitet, wo der Bär kultische Verehrung erfuhr.[89] Diese Bärenhaltung heißt auch «Haltung des Heilens». Sie wird gewöhnlich stehend eingenommen, aber auch sitzend oder knieend. «Die eingerollten Hände liegen über dem Nabel in der Weise, daß die ersten Knöchel der Zeigefinger sich berühren. Die Knie sind leicht gebeugt, und die Füße stehen parallel zueinander.»[90] Während eine Begleitperson rasselt oder trommelt – beides uralte, bewährte Methoden, veränderte Bewußtseinszustände anzuregen –, geht der «Reisende» in der Bärenhaltung in Trance, ist aber jederzeit noch «bewußtseinsfähig».

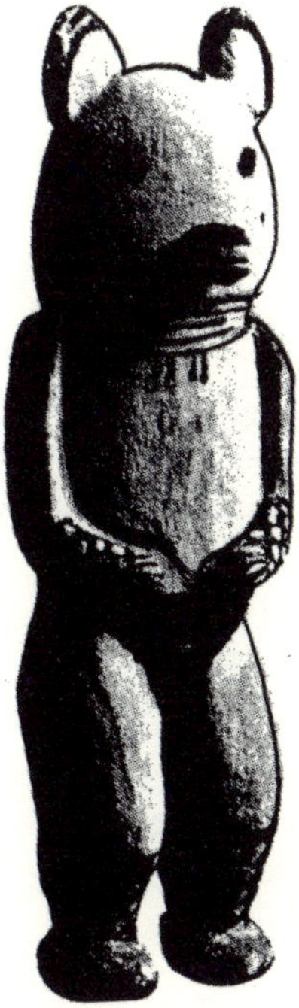

Eine Wienerin erzählt von ihrer Erfahrung mit dem Bärengeist:

«Mir ist am Rücken heiß geworden, und ein Bild vom Fell des Bären ist aufgetaucht. Plötzlich hat der Bär das Fell über mich getan, ich habe Angst, daß er mir etwas tut. Ich bin auf seinen Füßen gegangen, ich bin gestolpert und gefallen; aber aus dem Fell ist Kraft in mich geströmt. Ein Feuer entstand vor mir, ich bin hineingegangen, dann war

ich das Feuer; zwei Feuertunnels haben sich geöffnet, und ich war in beiden und bin hineingeschossen; die zwei haben sich vereinigt. Ich habe ins Feuer geschaut und habe alles verstanden. Kobolde mit Fratzen sind vorbeigeschossen; sie waren wild, aber ich war ohne Furcht.»[91]

Dieser Frau erschien der Bärengeist höchst bereitwillig, eine häufige Erfahrung. Er vermittelte ihr eine «haarige Kraft», die ihren Rücken wärmte und ihn buchstäblich stärkte. Sie fühlte die Hitze physisch, nicht nur symbolisch! Trotz ihrer Angst konnte sie sich der strömenden Bärenkraft, die zu zwei Feuerströmen wurde, anvertrauen. Die beiden vereinigten Ströme machen deutlich, daß sich in der Frau ein innerer Kreis schließen, etwas Zerbrochenes heilwerden konnte. «Ich habe ins Feuer geschaut und habe alles verstanden.» Auch beängstigende Koboldfratzen nahm sie jetzt ohne Furcht wahr.

Dieses Trance-Erlebnis mit der heilenden Bärenkraft erinnert mich an den zitierten Traum von der Bärin am Schmiedefeuer. Beidemal löst die Bärenkraft eine Wandlung aus, wirkt als ein läuterndes, umwandelndes Feuer, das die inneren Schlacken verbrennt und das «Gold» des tieferen Wesens befreit. Heilung meint hier nicht, daß äußerliche Symptome von außen durch den Doktor kuriert werden, sondern gestörte Energiemuster und Hemmungen der gesamten Persönlichkeit werden energetisch vom «inneren Heiler» geheilt. Felicitas Goodman schreibt aus eigenen Erfahrungen mit solchen Bärengeist-Heilungen, es sei

«gewöhnlich schwer, die Heilungen durch den Bärengeist näher zu beschreiben. Wie bei jeder Art von Geistheilung geht es meist nicht darum, irgendein Leiden zu beheben, sondern die körperliche wie seelische Harmonie, das Gleichgewicht, zu stärken oder wiederherzustellen. Die Behandlung ist gewöhnlich hintergründig, dem einzelnen angepaßt, und bezieht sich oft auf Schwierigkeiten, die dem Betreffenden nur andeutungsweise und seiner Umgebung überhaupt nicht bewußt sind.»[92]

Eine solche hintergründige Behandlung durch den Bärengeist erlebte auch eine junge Frau, Mitte Zwanzig – ich nenne sie Inone –, die 1991 an fünf Sitzungen einer Trancegruppe unter meiner Leitung teilnahm. Ihre Tranceerfahrungen mit der Bärin sind deshalb besonders eindrucksvoll, weil sich in ihnen eine innere Entwicklung abzeichnet. Da ich bis heute mit ihr in Kontakt stehe, konnte ich den Fortgang der «Bärentherapie» weiterhin verfolgen und miterleben, wie ihr deutlich mehr Stärke, Selbstbewußtsein und inneres Gleichgewicht zuwuchsen. Sie selbst führt diese Entwicklung auf die Gegenwart der Bärin, ihrer «Seelenmutter» zurück, die ihr das an weiblicher Rückenstärke vermittle, was ihre persönliche Mutter zu geben nicht imstande war.

Die Erfahrungen, die Inone während der fünf Gruppentreffen machte, gebe ich – abgesehen von Details, die mit dem Thema nichts zu tun haben – unverändert wieder.

1. Treffen: (Inone wählte als Einstieg in die «andere Wirklichkeit» der inneren Welt die Eileithya-Höhle auf Kreta, die sie gut kannte. Diese Höhle ist – was Inone nicht wußte! – der ägäischen Geburtsgöttin geweiht).
«Im Berg war eine deutliche Grenze, wo ich etwas von mir selber abgeben mußte. Ich habe Arroganz und Neid dort abgegeben. Fünf Tore mußte ich passieren. In der Höhlentiefe saß eine große Bärin auf einem Thron. Ich hatte Angst, ihr nicht zu entsprechen. Hinter der Bärin saß ein Kreis von Vögeln – anscheinend war die ganze Geistigkeit hier versammelt. Ich schloß mich kleinen Bären an und spielte mit

ihnen. Dann kehrte ich zurück zur Bärin, die sich mir jetzt von allen Seiten zeigte. Ich setzte mich auf ihren Schoß, das war sehr wärmend und stärkend. Dann hatte ich genug und ging fort – ohne von ihr «geklammert» zu werden. Wärme und Stärke waren da, also konnte ich gehen, und sie ließ mich gehen. Das innere Band bleibt! Ich kehrte von dieser Begegnung zurück, in ein Bärenfell gehüllt, das mir die Bärin geschenkt hatte. Doch den Neid und die Arroganz, die ich gern dort lassen und loswerden wollte, mußte ich einsammeln und wieder mitnehmen. Sie ließen sich nicht einfach wegzaubern!»

2. Treffen: *«Die Bärin war sofort da, ohne daß ich in ihre Höhle kommen mußte. Sie tanzte! Sie trug mich durch den Wald, und ich war ihr Kind. Wir kamen zu einer Hütte mit einer alten Frau, die mit der Bärin sehr vertraut war. Dort hatte ich eine Pause zum Ausruhen, ehe die Reise weiterging...»*

3. Treffen: *«Ich erstieg einen Berg, dunkel und unheimlich. Ich ging sehr nahe bei der Bärin. Dann betraten wir eine Lichtung, es war Vollmond. Doch der Wald blieb unheimlich. Ich fragte die Bärin, ob mir hier Gefahr drohe, erhielt aber keine Antwort. Ich stieg mit ihr den Berg wieder hinunter, das Aufpassen war mühsam. Dann wollte ich nicht mehr ständig kontrollieren und habe losgelassen, bin einfach mitgegangen. Die Bärin erschien mir jetzt heller, sie führte mich zu ihresgleichen. Ich empfand auf einmal viel mehr Sicherheit: Sie kennt die*

hellen und die dunklen Plätze! Nun konnte ich sie als meine Führerin akzeptieren, die mir etwas zeigen kann. Ich habe mehr Mut, eine Psychotherapie anzufangen.»

4. Treffen: *«Ich hatte den Wunsch, die alte Frau wieder zu treffen (...) Als ich zur Hütte kam, war diese wie geteilt: die rechte Seite war weiß, die linke dunkel. Wieder war Vollmondlicht. Bei der Hütte standen ein schwarzer und ein weißer Bär. Die alte Frau war im Innern. Ich sagte ihr, ich möchte die dreizehnte Tür öffnen, weil ich wissen möchte, was dahinter ist. Ich hörte sie sagen: ‹Du selbst!› – Es wurde mir sehr ungemütlich, denn ich merkte, ich sollte mich mit mir selbst konfrontieren.»*

5. Treffen: In dieser letzten Sitzung konnten die TeilnehmerInnen der Gruppe eine Frage an ihre Tierbegleiter stellen. Inone fand den Mut, nach ihrer individuellen inneren weiblichen Kraft zu fragen. Sie fürchtete nicht mehr, eine «vernichtende Antwort» zu erhalten.

Welche Art von «Rückenstärke» konnte die Bärin vermitteln? Inone hatte in der *ersten* Sitzung Angst – eine altvertraute Angst, die sie gut kannte –, für die thronende Bärengöttin nicht gut genug zu sein, ihr «nicht zu genügen». Und wie hätte sie insbesondere vor der versammelten «Geistigkeit» bestehen können! Doch sie wartete nicht auf ein vernichtendes Urteil, sondern spielte als ein Bärenkind mit Bärenkindern, erneuerte sich selbst und ihre vitale Kraft im kindlichen Spiel. Damit ging sie der Gefahr aus dem Wege, sich wie sonst zu überfordern und unzufrieden mit sich selbst zu sein.

Der Erfolg stellte sich gleich ein! Wie ein Kind setzte sie sich vertrauensvoll der Bärin in den Schoß, genoß deren Präsenz von allen Seiten, ließ sich wärmen und schützen. Die Bärenmutter erwies sich als eine reife Mutter, die ihre Kinder selbständig werden und dann gehen läßt; sie hielt Inone nicht fest und «klammerte» nicht. Bei engen und nahen Kontakten fürchtete Inone oft, ihre Freiheit zu verlieren und festgehalten zu werden. – Die große Mutterbärin ließ sie gehen – durch das «innere Band» blieben sie trotzdem miteinander verbunden.

Diese Begegnung hatte ihr Mut zu sich selbst und Vertrauen in eine mütterlich tragende Kraft vermittelt. Das Geschenk der Bärin, ein schützendes Bärenfell, stärkte ihr den Rücken, so daß sie ihre Schattenseiten Neid und Arroganz nicht wegzuzaubern brauchte, sondern sie wieder zu sich nehmen konnte.

Die *zweite* Erfahrung mit der Bärin verstärkte das neu gefaßte Vertrauen Inones: Die Bärin war sofort anwesend und trug sie durch den Wald. Sie darf sich ausruhen, muß nichts «leisten». Die mit der Bärin vertraute alte Frau in der Hütte könnte für ihre weibliche Weisheit stehen, die mit dem instinkthaften Wissen der Bärin in gutem Einvernehmen ist, denn beide gehören zusammen. Diese Kräfte in sich zu wissen machte Inone Mut.

In der *dritten* Tranceerfahrung setzt sie sich mit dem Dunkeln, Unheimlichen ihrer inneren Landschaft auseinander, weil die Nähe der Bärin ihr dazu Mut verleiht. Doch der Zwang, immer alles kontrollieren zu müssen, ist ihr hier im Wege. Schließlich vertraut sie sich der Führung der Bärin an, «läßt sich gehen». Diese Erfahrung gibt ihr ein Gefühl von Sicherheit; die Bärin kennt offensichtlich «die hellen und die dunklen Plätze», ihre Licht- und Schattenseiten, und läßt sich nicht davon abschrecken. Durch das neugewonnene Selbstvertrauen und das Wissen, die Bärin im Rücken zu haben, wird es Inone möglich, sich auf eine

Psychotherapie einzulassen und auch dem Therapeuten ihre Licht- und Schattenseiten zu zeigen und sich damit auseinanderzusetzen.

Die Erfahrungen der *vierten* Sitzung umkreisen noch einmal das Thema «Licht und Schatten». Noch sind die Gegensätze betont durch die helle und die dunkle Seite der Hütte, den hellen und den dunklen Bären. Das verbindende milde Licht des Vollmondes deutet aber die Möglichkeit an, daß sich die gegensätzlichen Seiten miteinander versöhnen können. Und was die Bärin an innerem Wissen vorbereitet hat, spricht die alte Frau aus: Du selbst bist es, die noch hinter der dreizehnten Tür verborgen ist.

Für Inone bedeutete es eine Mutprobe, sich beim *fünften* und letzten Treffen der «Frage aller Fragen» zu stellen: der Frage nach sich selbst. Da sie nun nicht mehr fürchtete, völlig vernichtet zu werden oder sich selbst als «ausgeleertes Nichts» zu erleben, konnte sie ganz bewußt und vor den Ohren der anderen TeilnehmerInnen diese Frage stellen. Dazu hatte ihr, wie sie selbst es formulierte, die «Bärin auf dem Thron und in mir, die Göttin-Mutter», verholfen.

«Die Rückenstärke ist mir geblieben, und sie ist wirklich da. Sie gibt mir innere Kraft, wenn ich mich leer fühle. Das ist die Gabe der Großen Mutter, die kann mir keine persönliche Mutter geben oder wieder nehmen.»

«Jeder gelungene Pinselstrich ist wie ein Streicheln»

Gespräch mit der Künstlerin Edith Nikel-Ruppmann

AUTORIN: Edith, ich habe dich gebeten, die Bären-Bilder für dies Buch zu malen, weil du Tiere auf besondere Weise gestaltest. Deine Bilder und Plastiken strahlen Zärtlichkeit und Mitgefühl aus, ich spüre, daß du die Bären wie auch alle anderen Tiere liebst. Bist du als Kind mit Tieren aufgewachsen?

EDITH: *Ich bin 1939 in Köln geboren, «dank» Krieg aber im Dorf aufgewachsen, dadurch erlebte ich sehr früh Nähe zu Tieren. Diese Prägung war absolut stärker als die meiner Mutter, die vor allem Getier die Flucht ergriff. Mit zehn Jahren kehrte ich nach Köln zurück. Viele Jahre hatte ich da kein eigenes Tier, dafür habe ich eine Berufung entdeckt als Streicheltrösterin aller möglichen Tiere auf der Straße – vor Läden und Supermärkten, alleingelassen, angebunden… Heute bin ich glückliche Freundin und gründlich ausgewählte Heimat eines wundervollen schwarzen Katers.*

AUTORIN: Bei deinem Tun als «Streicheltrösterin» hast du etwas praktiziert, was für mich zum spirituellen Tierschutz gehört. Im Vergleich zum offiziellen Tierschutz eine eher bescheidene, in der Wirkung aber sehr haut- und fellnahe Form…

EDITH: *Ja, das könnte man «spirituellen Tierschutz» nennen, wenn wir in den Tieren nicht nur Nutz-Objekte sehen, sondern beseelte Wesen. Spiritueller Tierschutz könnte ei-*

ne Ergänzung und Verstärkung des normalen Tierschutzes sein. Normaler Tierschutz, damit meine ich zum einen den karitativen Tierschutz, der sich direkt und hautnah um das leidende Tier bemüht und praktische Hilfe leistet, zum anderen den politischen mit Aufklärungsarbeit an Info-Ständen, in Briefen, Aktionen, Demonstrationen. Der karitative Tierschutz stößt dauernd an seine Grenzen, weil nie genügend Platz, Zeit, Helfer, Geld da sind, und weil nur ein Bruchteil der leidenden Tiere überhaupt erreichbar sind. Abgesehen davon ist diese Arbeit – wie jede Pflegearbeit – auch befriedigend. Der politische Tierschutz dagegen ist trostlos. Ganze Ordner voll von Bitt- und Protestbriefen haben so gut wie nichts bewirkt. Aktionen und Demonstrationen sprechen fast immer nur die an, die ohnehin in der gleichen Frequenz schwingen. Bei denen, die wir erreichen wollen, gehen die Interessen der Wirtschaft vor – immer! Viele politische Tierschützer sind krank, haben Magengeschwüre, Leberschäden, und es mehren sich die Suizidfälle.

AUTORIN: Da hat sich aber doch schon einiges geändert: im Bewußtsein der Öffentlichkeit, in den Medien, in den Schulen.

EDITH: *Sicher hat sich manches schon geändert. Auch die Medien klammern dieses Problem-Thema nicht mehr aus. Immer mehr Menschen entscheiden sich dafür, Eier nur noch von freilaufenden Hühnern, Fleisch nur noch von artgerecht gehaltenen Tieren zu kaufen, vielleicht sogar weniger oder gar kein Fleisch mehr zu essen. Immer mehr Frauen kaufen Kosmetik und Wasch- und Putzmittel von Firmen, die ihre Produkte nicht im Tierversuch testen. Immer weniger Frauen finden sich cool damit ab, daß ihr Pelzmantel weint, schreit und blutet.*

Das alles reicht natürlich noch nicht. Wenn wir uns klar machen, daß in jeder Sekunde Milliarden von Tieren schreien (in jeder Sekunde!!), Tiere, die niemand hört, dann bleibt für jeden einzelnen von uns nur eine Frage: Was kann ich tun?

AUTORIN: Können wir auch spirituell etwas tun?

EDITH: *Ja, gerade spirituell – ausgehend von der Überzeugung, daß alle Wesen miteinander verbunden sind. Weil hier die Grenzen des materiellen Denkens aufgehoben werden. Man kann Menschen mit Gedankenkraft erreichen, ich bin sicher, das gilt auch für Tiere. – Es gibt viele Möglichkeiten: Meditation – Gebet – Tanz – Singen – Musizieren – Zeichnen – Malen, alles Tun aus einer intensiven Zuwendung heraus wird wahrscheinlich irgendwie «ankommen». In der Meditation zum Beispiel habe ich die Möglichkeit, mich mit Licht zu füllen. Dieses Licht kann ich dann dahin strahlen, wo ich es wirken lassen möchte. Vor mir taucht oft in der Meditation ein Affe auf, fixiert am Kopf und an allen Gliedern, bewegungslos, hilflos, ausgeliefert, mit entsetzten Augen... Dieses Affengesicht überflute ich mit Licht, dann kann ich nur hoffen, daß irgendwo auf der Welt ein kleiner Affe seinen grauenhaften Labortag ein wenig besser übersteht.*

Ebenso wie mit Meditation und Gebet kann man mit Musik die Tiere erreichen, man kann singen, tanzen, spielen für sie – und dann der umfassenden Liebe vertrauen, daß sie Wellen von Harmonie dorthin leitet, wo sie dringend notwendig sind.

AUTORIN: Für mich persönlich sehe ich es als eine gute Weise, die Tiere spirituell einzubeziehen, indem ich dies Buch schreibe; vor allem aber beziehe ich sie ein in Tänzen und Ritualen. So habe ich den 3. November für mich – nach

Allerheiligen und Allerseelen – zum Allerkreaturen-Tag ernannt und begehe ihn als Gedenktag für die Tiere und Pflanzen, die mit ihrer Lebenskraft den Menschen dienen. Oft sind nach meinem Ritual eine Menge Vögel in der Umgebung versammelt – offenbar mögen sie Rituale! Du, Edith, dienst den Tieren mit deiner Kunst...

EDITH: *Zeichnen – das ist für mich ein zärtliches Tun. Ich muß ja genau hinschauen, die Linien sehen, das Wesentliche erkennen. Das ist nicht viel anders als die Annäherung an einen geliebten Menschen. Und dann führt die Hand den Pinsel, den Stift, die Kreide, und jeder gelungene Strich ist wie ein Streicheln. (Auf diese Weise kann man sogar Fische streicheln...!)*

Ich denke, jedes Tun kann rein technisch und zweckbezogen sein, aber auch spirituell, offen für das Einfließen höherer Energie.

AUTORIN: Glaubst du, daß sich der spirituelle Tierschutz auch auf die Menschen auswirkt, die Tiere quälen?

EDITH: *Ganz wichtig ist bei allem, die Menschen nicht auszuklammern. Gerade die Menschen, die all das Furchtbare zu tun vermögen. Im politischen Tierschutz besteht die Gefahr, daß man Frust und Haß auf diese Menschen als die «Schuldigen» wirft. Aber genau das verhärtet die Fronten. Die Mauer ist schon himmelhoch!*

Spiritueller Tierschutz sollte wie ein leiser Schrei wirken, der die Mauer durchlöchert. Außerdem ist es eine Illusion zu glauben, daß man zugleich lieben und hassen könne. Keine Lampe strahlt gleichzeitig hell und dunkel. Ich kann unmöglich den Tieren Heil und Licht zuschicken und den Menschen meine ganze Wut. Darum versuche ich – und das ist emotional wirklich nicht einfach und muß mit großer Überzeugung geübt werden! –, mit Meditation,

Tanz und Musik helle Energien, positive Kraft auch zu den Menschen zu senden. Damit wir lernen zu fühlen und zu sehen, damit unsere Hände zart, unsere Füße behutsam, unsere Stimmen sanft werden. Wenn wir Menschen nicht erwachen, wird sich für die Tiere nie etwas ändern.

Bildlegenden

Edith Nikel-Ruppmann lebt und arbeitet in Frankfurt-Niederursel

Anmerkungen

1 Bachmann, I.: Gedichte, Erzählungen, S. 33.
2 Nach Savage, C.: Bären, S. 7.
3 Kerényi, K.: Die Mythologie der Griechen, Bd. 1, S. 24 f.
von Scheffer, Th.: Die Legenden der Sterne, S. 29 ff.
4 Rede des Häuptlings Seattle: Wir sind ein Teil der Erde, S. 24.
5 von Scheffer, a. a. O., S. 29–35.
6 von Scheffer, a. a. O., S. 30.
7 von Scheffer, a. a. O., S. 30.
Lurker, M.: Lexikon der Götter und Dämonen, S. 42 f.
8 Savage, C., a. a. O., S. 4.
9 Märchen der Welt, Bd. 2: Mittel- und Nordeuropa.
10 Savage, C., a. a. O., S. 1 f.
11 Grohmann, G.: Lesebuch der Tierkunde, S. 93.
12 Heft, H. P.: Bärenjahre, S. 7.
13 Heft, H. P., a. a. O., S. 123.
14 Honko, L., in: Handbuch der Religionsgeschichte, Bd. 1, S. 196 f.
15 Lurker, M.: Wörterbuch der Symbolik, S. 68 u. a.
16 Zur Symbolik des Mondes siehe Hämmerling, E.: Mondgöttin Inanna; zur Sonnensymbolik dies.: Sonnenfeuer.
17 Paulsohn, I. (ed.): Religionen der Menschheit, Bd. 3, S. 190.
18 Eliade, M.: Geschichte der religiösen Ideen, Bd. 1, S. 24 ff.
19 Die Bärenriten, teils einfacher, teils komplexer Natur, wurden bis in die jüngste Vergangenheit von zahlreichen Volksgruppen der Nordhalbkugel praktiziert, u. a. von den Lappen, Finnen, Ostjaken, Olchas, Wogulen, Giljaken, Obugrern; von den Indianervölkern der Tsimschian, Haida, Tlingit, Cree, Ojibwa, Micmac und Delaware; den Ainu (japanische Ureinwohner). Alle sind miteinander verbunden durch Parallelen in Glauben und Überlieferung. Parallelen bestehen auch zu den Glaubensvorstellungen prähistorischer Jäger, die den Höhlenbären verehrten.
Vgl. Savage, C., a. a. O., S. 3.
20 Paulsohn, I. (ed.), a. a. O., S. 79.
21 Diese Riten sind zu unterscheiden vom Totemismus. Bei letzterem

handelt es sich um eine «Geisteshaltung, bei der eine Einzelperson oder eine Gruppe von Menschen dauernde Beziehungen zu Tieren, Pflanzen, Gegenständen und Erscheinungsformen unterhält, indem man sich ihnen gefühlsmäßig oder in einem mystischen oder verwandtschaftlichen Sinne (Abstammung) verbunden glaubt. Diese Totems werden vielfach als Schützer, Helfer, Freunde oder Verwandte aufgefaßt und erfahren dementsprechende ehrfurchtsvolle Behandlung (Tötungs-, Speise- und Berührungsverbot).» Letzteres ist der charakteristische Unterschied zu den beschriebenen Bärenkulten. Hirschberg, W.: Wörterbuch der Völkerkunde, S. 446 f.

22 Vgl. die «Bärenlieder» und die finnische Volksdichtung; Honko, L., a. a. O., Bd. 1, S. 198; Paulsohn, I. (ed.), a. a. O., S. 191.

23 Honko, L., a. a. O., Bd. 1, S. 198.

24 Paulsohn, I. (ed.), a. a. O., S. 190; Honko, L., a. a. O., Bd. 1, S. 197 f.

25 Rätsch, Ch.: Von den Wurzeln der Kultur, S. 28.

26 Paulsohn, I. (ed.), a. a. O., S. 74.

27 Eliade, M.: Geschichte der religiösen Ideen, Bd. 3, S. 183.

28 Eliade, M., a. a. O., S. 186.

29 Rätsch, Ch., a. a. O., S. 30.

30 Hildegard von Bingen: Naturkunde, zit. nach Ulrich, I.: Hildegard von Bingen, S. 23.

31 Ulrich, I., a. a. O., S. 23.

32 Heimann, B.: Der Teddy ist mehr als ein Spielzeug, in: Zeitung «Berni Brumm», S. 8.

33 Heimann, B., a. a. O., S. 9.

34 We'Moon – Frauenkalender 1992, Kalenderblatt vom 15. Februar.

35 Winnicott, D. W.: Übergangsobjekte und Übergangsphänomene, in: Von der Kinderheilkunde zur Psychoanalyse.

36 Coppin, G.: Der Bär, S. 92 f.

37 Coppin, G., a. a. O., S. 82–92.

38 Handloik, V.: Freund im dunklen Kinderzimmer, in: Deutsches Allgem. Sonntagsblatt 1991, Nr. 50, S. 32.

39 Heft, H. P., a. a. O., S. 178–183.

40 Heft, H. P., a. a. O., S. 183.

41 Heft, H. P., a. a. O., S. 175 f.

42 Diese Kampfdarstellungen waren sicher nicht nur symbolisch oder allegorisch gemeint, denn den Gladiatoren sind ihre Eigennamen beigefügt.

43 Savage, C., a. a. O., S. 8.

44 Jung, C. G.: Psychologie und Alchemie, S. 220.

45 Savage, C., a. a. O., S. 9.

46 Heft, H. P., a. a. O., S. 175.

47 Heft, H. P., a. a. O., S. 171 f.
48 Jung, C. G.: Erinnerungen, Träume, Gedanken, S. 415.
49 Jung, C. G.: Aion, S. 281.
50 Meyer-Rey, I.: Mischka der Bär.
51 Kipling, R.: Das Dschungelbuch, S. 32.
52 Heine, H.: Atta Troll, S. 16 ff.
53 Heine, H., a. a. O., S. 44 f.
54 Neueste Zahlen von 1990, nach Savage, C., a. a. O., S. 9.
55 Zum Beispiel das hier oft zitierte Buch «Bärenjahre» von H. P. Heft, der Bildband «Bären» von C. Savage, wo weitere Literatur angegeben ist.
56 Savage, C., a. a. O., S. 59 f.
57 Savage, C., a. a. O., S. 60.
58 Heft, H. P., a. a. O., S. 104 f.
59 Heft, H. P., a. a. O., S. 40.
60 Heft, H. P., a. a. O., S. 41.
61 Plinius, Naturgeschichte, zit. nach Savage, C., a. a. O., S. 71.
62 Heft, H. P., a. a. O., S. 89.
63 Heft, H. P., a. a. O., S. 90.
64 Savage, C., a. a. O., S. 1.
65 Lame Deer – Erdoes: Tahca Ushte, S. 153.
66 Heft, H. P., a. a. O., S. 74.
67 Heft, H. P., a. a. O., S. 75 f.
68 Heft, H. P., a. a. O., S. 76 f.
69 Heft, H. P., a. a. O., S. 77.
70 Heft, H. P., a. a. O., S. 79.
71 Heft, H. P., a. a. O., S. 79 f.
72 Heft, H. P., a. a. O., S. 80.
73 Kluge, F.: Etymologisches Wörterbuch der deutschen Sprache, Artikel «Bär».
74 Vgl. Duden, Lexikon der Vornamen.
75 Heft, H. P., a. a. O., S. 48.
76 Heft, H. P., a. a. O., S. 222.
77 Heft, H. P., a. a. O., S. 119 f.
78 von Franz, M.-L.: Das Weibliche im Märchen, S. 56.
79 Zur Visionssuche in der Wildnis vgl. das 1991 in deutsch erschienene Buch von S. Foster und M. Little: Vision Quest in der Wildnis.
80 von Franz, M.-L.: Spiegelungen der Seele, S. 144.
81 Rieß, G.: Traumbild Feuer, S. 44 f.
82 Zur Schmiedewerkstatt vgl. Eliade, M.: Schamanismus und archaische Ekstasetechnik, S. 434.
83 Sälzle, K.: Tier und Mensch. Gottheit und Dämon, S. 78 ff.

84 Shephard und Sanders, zit. nach Savage, C., a.a.O., S. 31.

85 Zum Berserkertum vgl. Eliade, M.: Geschichte der religiösen Ideen, Bd. 3, S. 237 und von Franz, M.-L.: Das Weibliche im Märchen, S. 57f.

86 Harner, M.: Der Weg des Schamanen, S. 95f.

87 Eliade, M.: Schamanismus und archaische Ekstasetechnik, S. 428f.

88 Goodman, F.: Wo die Geister auf den Winden reiten, S. 38.

89 Vgl. Abbildung in Goodman, F., a.a.O., S. 130.

90 Goodman, F., a.a.O., S. 133.

91 Goodman, F., a.a.O., S. 137.

92 Goodman, F., a.a.O., S. 135.

Literaturverzeichnis

Bachmann, Ingeborg: *Gedichte, Erzählungen*. München 1964.

Bogoras, Waldemar: *The Chukchee. Memoirs of the American Museum of Natural History*, Vol. XI, 1904–09.

Brown, Tom, Jr.: *Das Vermächtnis der Wildnis*. Interlaken 1992.

Coppin, Giorgio: *Der Bär*. Grünwald 1989.

Eliade, Mircea: *Geschichte der religiösen Ideen*, Bd. 1 und 3 (Quellentexte). Freiburg 1978.

– : *Schamanismus und archaische Ekstasetechnik*. Frankfurt 1980.

Eliot, Alexander, u.a.: *Mythen der Welt*. Luzern/Frankfurt 1976.

Foster, Steven und Little, Meredith: *Vision Quest*. Braunschweig 1991.

von Franz, Marie-Louise: *Spiegelungen der Seele*. Stuttgart 1978.

– : *Das Weibliche im Märchen*. Stuttgart 1977.

Gebser, Jean: *Ursprung und Gegenwart* (3 Bde.). München 1973.

Goodman, Felicitas: *Wo die Geister auf den Winden reiten*. Freiburg 1989.

Grohmann, Gerbert: *Lesebuch der Tierkunde*. Stuttgart [6]1974.

Grzimeks Tierleben. *Enzyklopädie des Tierreiches*, Bd. 3. Zürich 1972.

Hämmerling, Elisabeth: *Orpheus' Wiederkehr. Der Weg des heilenden Klanges*. Interlaken 1984.

– : *Mondgöttin Inanna. Ein weiblicher Weg zur Ganzheit*. Zürich 1990.

– : *Sonnenfeuer. Das Wunder der Lebensenergie*. Zürich 1990.

Hagen, Anders: *Felsbilder in Norwegen*. Oslo 1969.

Handloik, Volker: *Freund im dunklen Kinderzimmer*. In: «Deutsches Allgem. Sonntagsblatt» Nr. 50. München Dez. 1991.

Harner, Michael: *Der Weg des Schamanen*. Interlaken 1982.

Heft, Helmut P.: *Bärenjahre*. Stuttgart 1985.

Heimann, Bernd: «Berni Brumm», Teddyzeitung. Leidersbach 1991.

Heine, Heinrich: *Atta Troll*. Frankfurt 1983 (1968).

Hirschberg, Walter: *Wörterbuch der Völkerkunde*. Stuttgart 1965.

Honko, Lauri: *Religion der finnisch-ugrischen Völker*. In: *Handbuch der Religionsgeschichte*, Bd. 1. Göttingen 1971.

Jaffe, Aniela (ed.): *Erinnerungen, Träume, Gedanken von C. G. Jung*. Olten und Freiburg 1987.

Jung, Carl Gustav: *Aion*, GW 9.II. Olten 1992.

– : *Psychologie und Alchemie*, GW 12. Olten 1975.

Kerényi, Karl: *Die Mythologie der Griechen*, 2 Bde. München 1966.

Kipling, Rudyard: *Das Dschungelbuch*. München 1976.

Kluge, Friedrich: *Etymologisches Wörterbuch der deutschen Sprache*. Berlin 1960.

Lame Deer, John, Erdoes, R.: *Tahca Ushte, Medizinmann der Sioux*. Frankfurt 1981.

Lexikon der Vornamen (Duden). Mannheim 1974.

Lurker, Manfred: *Wörterbuch der Symbolik*. Stuttgart ^{2}1983.

– : *Lexikon der Götter und Dämonen*. Stuttgart ^{2}1989.

Märchen – Die schönsten Märchen der Brüder Grimm. Güterloh o. J.

Märchen der Welt, Bd. 2: Mittel- und Nordeuropa. München 1978.

Meyer-Rey, Ingeborg: *Mischka der Bär*. Ein Märchen mit Bildern. Stuttgart 1990.

Neumann, Erich: *Die Große Mutter*. Olten und Freiburg ^{6}1983.

Oertl, Marianne: *Der Bär*. In: «P. M.» (Peter Moosleitners Magazin), Heft 4. München 1987.

Paulsohn, Ivar (ed.): *Die Religionen Nordeurasiens und der amerikanischen Arktis*. Reihe: *Religionen der Menschheit*, Bd. 3. Stuttgart 1962.

Rätsch, Christian: *Von den Wurzeln der Kultur*. Basel 1991.

Rieß, Gisela: *Traumbild Feuer*. Reihe: *Träume als Wegweiser*. Olten 1986.

Sälzle, Karl: *Tier und Mensch. Gottheit und Dämon*. München 1965.

Savage, Candace: *Bären*. Hildesheim 1992.

Schadewaldt, Wolfgang: *Sternsagen der Griechen*. Frankfurt und Hamburg 1956.

von Scheffer, Thassilo: *Die Legenden der Sterne*. Stuttgart 1939.

Shaman. *The Paintings of S. S. Boulet*. San Francisco 1989.

Ulrich, Ingeborg: *Hildegard von Bingen*. München 1990.

We'Moon 1992 (Kalender für Frauen): *Animal Wisdom*. Oregon (USA) 1991.

Winnicott, Donald W.: *Übergangsobjekte und Übergangsphänomene*. In: «Von der Kinderheilkunde zur Psychoanalyse». München 1976.

Judie Bopp (Hrsg.)

Der Heilige Baum

Ein indianisches Weisheitsbuch

Kartoniert, 100 Seiten

Für alle Menschen dieser Erde hat der Schöpfer einen Heiligen Baum gepflanzt, unter dem sie sich begegnen können, wo sie neue Kraft, Heilung, Weisheit und Sicherheit finden. Die Wurzeln dieses Baumes sind tief im Leib der Mutter Erde verankert, und die Äste strecken sich wie betende Hände dem Vater Himmel entgegen. Die Früchte dieses Baumes sind die guten Dinge, die der Schöpfer den Menschen gegeben hat, Lehren, die den Weg zu Liebe und Mitgefühl, Weisheit, Gerechtigkeit, Demut und Bescheidenheit zeigen...

Seattle

Wir sind ein Teil der Erde

Die Rede des Häuptlings Seattle an den Präsidenten der Vereinigten Staaten von Amerika im Jahre 1855

Broschiert, 40 Seiten

WALTER-VERLAG